Finland
Apartments

Introduction

豊かな自然とともに、デザインの国として知られるフィンランド。
カラフルで、大胆なグラフィックのテキスタイル。
シンプルで機能的、美しい色あいのガラス器やセラミック。
そして、ぬくもりのある木を素材にした雑貨……。
フィンランドでは、自分たちの国で生まれたデザインを愛し
インテリアに、毎日の暮らしの中に、上手に取り入れています。

そんな魅力あふれるクリエーションを生み出している
ヘルシンキに暮らすアーティストたちは
自分たちの住まいを、どんなふうにデザインしているのでしょう?
ひとり暮らしのお部屋、カップルでの住まい、子どもたちと一緒に、
さまざまな暮らしの形のアパルトマンを訪ねました。

心地のいいインテリアの秘密をたずねてみると、
自分にとって大切にしたいストーリーを持つものだけを
そばに置いているという、アーティストたちがたくさんいました。
家族から譲り受けた家具、旅先から持ち帰った思い出の品、
アーティスト仲間が手がけた作品、手づくりした雑貨に囲まれて。
身近な人たちやもの、ひとつひとつの小さな愛の重なりが
フィンランドのやさしさあふれる暮らしを生み出していました。

ジュウ・ドゥ・ポゥム

Vera Öller

contents

Laura Väinölä & Pekka Toivonen
ラウラ・ヴァイノラ＆ペッカ・トイヴォネン
designer & art director 6

Janine Rewell
ヤニネ・レヴェル
illustrator, graphic designer 16

Linda Linko & Valter Filosof
リンダ・リンコ＆ヴァルテル・フィロソフ
graphic artist & DJ, event producer 24

Katja Saarela & Erkki Mikkonen
カトヤ・サーレラ＆エルッキ・ミッコネン
art director & software engineer 32

Aija Rouhiainen & Väne Väisänen
アイヤ・ロウヒアイネン＆ヴァネ・ヴァイサネン
designer & director of photography
Alli & Elsa / 2 girls, 12 & 8 years old 38

Sasha Huber & Petri Saarikko
サーシャ・フバー＆ペトリ・サーリッコ
visual artist & graphic designer
Basil / boy, 10 weeks old 48

Sanna Sierilä & Chris Bolton
サンナ・シエリラ＆クリス・ボルトン
fashion editor & designer, art director 54

Hella Hernberg
ヘッラ・ヘルンベリ
architect, designer 60

Vera Öller
ヴェーラ・オッレル
interior designer
Lumi / girl, 5 years old 66

Hanna Konola & Jukka Koops
ハンナ・コノラ&ユッカ・コープス
illustrator & graphic designer 74

Maarit Hohteri & Vladimir Kekez
マーリット・ホホテリ&ヴラディミール・ケケッツ
photographer, graphic designer & percussionist 82

Jessica Leino & Aarno Rankka
イェッシカ・レイノ&アールノ・ランッカ
art director & sculptor
Rudi / boy, 8 months old 88

Ilona Hyötyläinen & Teemu Hämäläinen
イロナ・ヒュオテュライネン&テーム・ハマライネン
fashion designer Miun & project director 94

Laura Savioja & Ilja Karsikas
ラウラ・サヴィオヤ&イルヤ・カルシカス
graphic designers, illustrators 102

Mari Relander
マリ・レランデル
interior designer 110

Aino-Maija Metsola & Georgi Eremenko
アイノ=マイヤ・メッツォラ&ゲオルギ・エレメンコ
illustrators, designers 116

Laura Väinölä & Pekka Toivonen

ラウラ・ヴァイノラ&ペッカ・トイヴォネン

designer & art director

ミニマルなスタイルの中に、ユーモアをちりばめて

家はリラックスできる場所じゃなくちゃ！という
ラウラとペッカが、ふたりで暮らすアパルトマン。
リビングの壁には、たくさんの写真やグラフィック作品。
テーブルのまん中には、緑の葉をゆらす南国のヤシの木。
セラミックのシェパードや、ねこのクッションは、
動物アレルギーがある、ラウラのペットとして。
シンプルで、すっきりとした空間の中に
ユーモアとアートのエッセンスをちりばめて……。
モダンで、どこかなつかしいインテリアになりました。

ラウラとペッカの出会いは、友だちと一緒にオーガナイズしたクリスマスパーティ。ラウラがデザインしたカレンダーが、ふたりを結びつけたのだそう。ラウラは、グラフィックデザイン事務所ココロ＆モイに所属しながら、個人の作品も発表するデザイナー。そしてペッカは仲間と立ち上げたカジノ・クリエイティヴ・スタジオのアートディレクター。このアパルトマンは、自分たちでリフォームを手がけました。お互いにデザインの仕事をしているので、インテリアを決めるのは、ときには簡単ではないこともあるけれど、ふたりの好みをミックスしながらタイムレスな魅力あふれる空間が生まれました。

左：古いものと新しいものを並べて、コントラストを生み出すことを楽しんでいるというふたり。アールヌーボー・スタイルの暖炉には、ハンバーガーのおもちゃと招き猫をディスプレイ。右下：テスと名づけて、ペットとしてかわいがっている、ジャーマン・シェパードのオブジェ。

上：リビングには、ペッカをはじめ、アーティスト仲間の作品を壁いっぱいに飾って。左下：新鮮なフルーツや野菜は、ハカニエミ広場のオールド・マーケット・ホールで。右下：フィンランドのジェネレック社のスピーカーは、MVSEVMというテクノバンドを組んでミュージシャンとしても活躍するペッカの大切な道具のひとつ。

左上：キッチンとリビングのあいだに設けた本棚は、両側から本が並べられるようオープンシェルフに。右上：友だちのイラストレーター、サンナ・マンダーが作ったキャンドルホルダー。右中：ココロ＆モイでラウラが手がけた、ラハティに作られている公園のパンフレット。左下：ペッカが手がける雑誌「カジノ A4」。右下：ラウラがデザインしたスツール「パッルュ」。カラフルなスティックを入れ替えて、好きな模様を作ることができます。

白をベースにしたキッチンは、モダンでクリアな印象。壁面の絵は、イラストレーターのラミ・ニエミが、ギタリストのデイヴ・ムステインが「メタリカ」を追い出されたことをモチーフに描いたもの。

左上：ゆかいなデザインのキッチングッズで、料理をより楽しく。右上：60年代に作られたラジオ。左下：ラウラのシャツとパンツは、お母さんから譲り受けた80年代「マリメッコ」のもの。右中：カイ・フランクがデザインしたボウルは、ラウラの祖父母から。右下：トリコロールカラーのボックスは、ジョナサン・アドラーのコースターセット。「カジノ」の仲間のヨナタンとサンナ・マンダーの贈り物。

左上：窓辺に、いくつかのトロフィーを一緒にディスプレイ。左中：今朝のサンドウィッチはトマトとバジル、サラダ菜にオーガニックサラミで。右上：「マリメッコ」のテーブルウェアが、白いキッチンに色を添えて。左下：ラウラの宝物はおばあちゃんから譲り受けた大皿。おばあちゃんが「マリメッコ」で仕事をしていたときに、創業者のアルミ・ラティアから贈られたもの。右下：あたたかな光を灯すレトロ・スタイルのランプ。

<u>左上</u>：ラウラが東京で見つけた、動物モチーフのカレンダー。<u>右上</u>：ぬいぐるみの魚は、カワカマス。今度は川で本物を釣ってきたいというベッカ。<u>左下</u>：ベッドまわりのファブリックは、ラウラが好きなストライプでコーディネート。大きなまるいランプは、ベッドを照らすお月さまのよう。<u>右中</u>：スツールは、以前　ベッカのアトリエで使っていたもの。<u>右下</u>：まだ読んでいない本は、いつもベッドのそばに。

ベッドルームに置いた、ペッカのフィンランド製ピアノ。ラウラを怒らせたときには、セレナーデを演奏するのだそう。壁に飾ったカバは、この家のために最初にふたりで手に入れたインテリア。

Janine Rewell

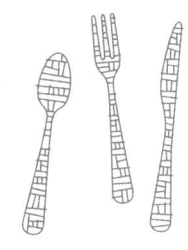

ヤニネ・レヴェル

illustrator, graphic designer

くつろぎの空間は、ディテールをひとつひとつ大切に

明るく強い色使いに、グラフィカルなタッチ。
ちょっと不思議で、ファンタジックな
ストーリーあふれる世界を生み出す、ヤニネ。
クリエーションは、家の近くにあるアトリエで。
そして友だちと出かけたり、バーに行ったりと
外出するのが好きという、彼女にとって
アパルトマンは、くつろぐための空間。
50年代の北欧デザイン家具が、この部屋に
おだやかで優美な空気感をもたらしています。

さまざまな雑誌や広告でイラストレーター、そしてグラフィックデザイナーとして活躍するヤニネ。彼女が暮らすのは、小さなデザインショップや素敵なレストランなどが集まるブナヴオリ地区。必要なものやサービスがすべて揃う、ヤニネもお気に入りの街です。1940年代築のアパルトマンの最上階にある住まいは、収納たっぷりの玄関ホールに、リビング、小さなキッチン、そしてベッドルームという間取り。ひとり暮らしには、小ぶりで軽やかな印象の50年代にデザインされた家具がぴったりというヤニネ。インターネットを使って、美しく機能的で価値ある家具を探します。

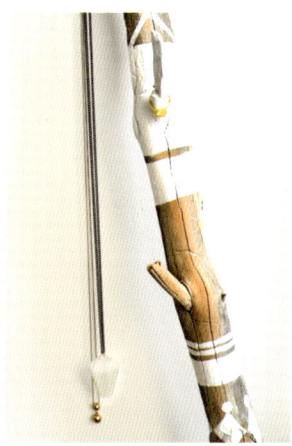

左：まっ白な室内は、ラジエーターの後ろだけミントブルーにペイント。隠せないものは、逆に目立たせてアクセントに。**右上**：アクセサリーかけにしている、グラフィカルにペイントした松の枝は、サマーハウスのそばで見つけたもの。**右下**：友だちからプレゼントされたマガジンラックは、スウェーデンの「メイズ・インテリア」のもの。

左上：マッチ箱など、グラフィカルなデザインのオブジェを集めているというヤニネ。左中：おじいさんとおばあさんから譲り受けたキャンドルホルダー。右上：ヴィンテージのスウェーデン製ダイニングテーブルは折りたたみ式になっていて、広げると12人が座ることができる大きさ。左下：アンティークの食器とシルバーのカトラリーは、おばあさんからの贈り物。右下：ハンドペイントの「アラビア」のティーセットは、おじいさんからの引っ越し祝い。

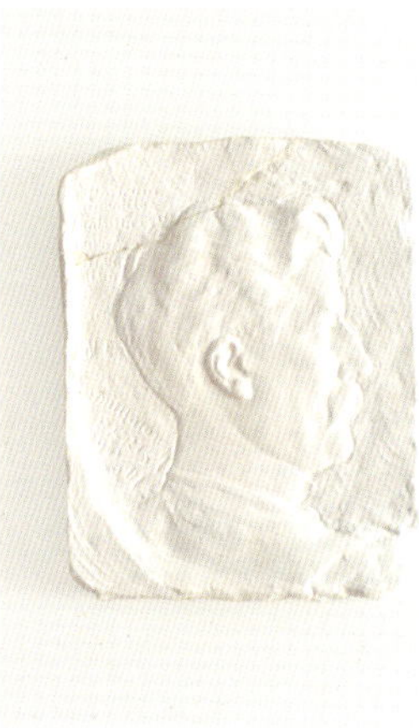

左上：アルヴァ・アールトが50年代にデザインしたデスクに、フランスのトリックス社のスツールをあわせて。右上：「リサイクルド・グラス・グレープ・ライト」は、シリアの職人による手吹きのシャンデリア。右中：デスクの上に飾っている彫刻は、有名な彫刻家だったひいおじいさんの作品。右下：オランダで出版された『ピクトグラフィック・インデックス』で紹介されたヤニネのイラスト。

左上：クッションは好きなテキスタイルを使って、自分が欲しいサイズで手づくり。右上：友だちのハルト・ルオマネンがカスタムメイドしてくれた本棚。左中：「ハビタ」のサイドテーブルの上に、スウェーデンの「リュデンス」のランプを置いて。左下：キッチンの入り口に飾った鉢植え。右下：ソファーの後ろの壁に飾ったラグは、60年代にモロッコで織られたハンドメイドの貴重な品。

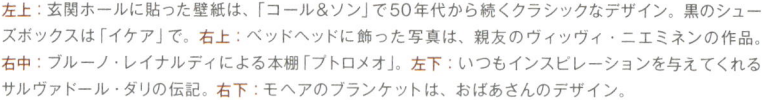

左上：玄関ホールに貼った壁紙は、「コール&ソン」で50年代から続くクラシックなデザイン。黒のシューズボックスは「イケア」で。**右上**：ベッドヘッドに飾った写真は、親友のヴィヴィ・ニエミネンの作品。**右中**：ブルーノ・レイナルディによる本棚「プトロメオ」。**左下**：いつもインスピレーションを与えてくれるサルヴァドール・ダリの伝記。**右下**：モヘアのブランケットは、おばあさんのデザイン。

ベッドルームは、アパルトマンの中でいちばんお気に入りの場所。天井に取り付けたランプはLZF社の「アガサ」。木のシートを束ねて生まれた花のようなフォルムがエレガント。

Linda Linko & Valter Filosof

リンダ・リンコ＆ヴァルテル・フィロソフ

graphic artist & DJ, event producer

アートと音楽にいろどられた、ふたりのしあわせ

レコードを聞きはじめようとしたリンダが
アドバイスをもとめたのが、DJのヴァルテル。
ふたりが仲よくなるきっかけにもなった、
音楽は、このアパルトマンに欠かせないもの。
レコードプレーヤーが、リビングの中心です。
ヴァルテルが選ぶ音楽に、インスピレーションを
受けることも、よくあるというリンダ。
広々としたローテーブルの上に、大きな紙を広げて
自由に楽しげに動かす筆は、まるで音を奏でるよう。

グラフィックアーティストのリンダと、DJでイベント・プロデュースも手がけるヴァルテルが暮らすのは、1893年築のアパルトマン。作曲家ジャン・シベリウスが暮らしたという標識が建物の表に掲げられています。通りを歩く人の頭の位置まで床を高くしたリビングは、窓を通じて街に溶けこむよう。その雰囲気が気に入っているふたりは、脚が短いソファーにローテーブルで目線の低い暮らしに。リノベーションはまずリンダが夢の部屋をスケッチして、友だちのハルト・ルオマネンの助けを借りながら、そのアイデアを実現。自由でリラックスできるアーティスティックな空間が生まれました。

左：コンピューターを使わずにすべて手で描くというのがリンダのスタイル。パーフェクトなものよりも、手のぬくもりが伝わるデザインが魅力。右上：コーネリアスの「point」はヴァルテルお気に入りの1枚。右下：スケッチはいつもえんぴつで。ペン立てとえんぴつはヴァルテルのお母さんからのプレゼント。

左上：週末は、ヘルシンキ郊外のヌークシオにあるサマーハウスで過ごすというふたり。左中：リンダのお母さんの若いころの写真。右上：壁のポスターは、アートスクールで一緒だったイェンニ・トゥオミネンのシルクスクリーン作品。左下：犬をモチーフにした大きなクッションは、ヴァッリラ・インテリア社のためにリンダがデザインしたもの。右下：ヴァルテル手づくりのサンドウィッチは、リンダのお気に入り。

左上：18世紀から家族に伝わる大時計。ファー・ベストは寒い冬に欠かせない一着。右上：クリスマスの伝統的なオーナメント「ヒンメリ」を作っているところ。右中：お母さんから譲り受けたバラ柄のティーカップは、リンダを素敵な気分にしてくれます。左下：サンナ・マンダーと一緒にデザインした、ヘルシンキのコンセプトショップ「My o My」のショッピングバッグ。右下：スーツケースを靴の収納箱に。

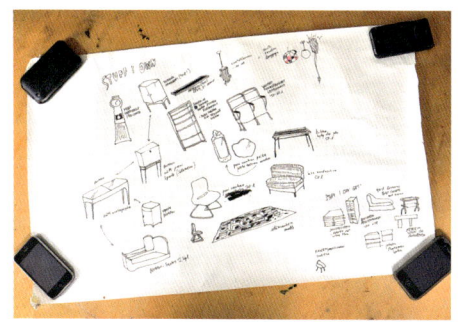 

左上：部屋をリノベーションするときに、持っている家具をすべて描いたスケッチ。右上：玄関のドアのそばに、カギとスマイルを忘れないようにとメモ。左中：お気に入りの「ツモリ・チサト」の一着。左下：リンダがシリーズで手がけているクラブのイベント・ポスター。 これはメキシコからDJがやってきたときのもの。右下：アンダーウェアやファッション小物は、すべてボックスの中に。

リサイクルセンターで見つけた鉄のフレームで作った洋服ラック。リンダが着ているサロペットは、ジャズ・シンガーのマイヤ・ハブオヤが70年代にコンサートで着ていたもの。

左上：中庭に面した静かなベッドルームは、小さな巣のようで心地のいい場所。右上：子どものころにお母さんが作ってくれたハンガーと、リンダが作ったもの。右中：エーロ・アールニオによるランプ『オリゴ』。左下：フィンランドのヤーッコ・エイノ・カレヴィの『モダン・ライフ』はおすすめの1枚。右下：ヴァルテルのDJユニットによるイベントのポスター。この写真を見てリンダはひとめぼれ。

31

Katja Saarela & Erkki Mikkonen

カトヤ・サーレラ＆エルッキ・ミッコネン

art director & software engineer

緑に囲まれたテーブルで過ごす、ふたりの時間

白い花をつけたりんごの木に、ベリーの茂み。
しゃくやくやポピーなど、美しい花々が咲く
緑豊かな庭に囲まれた、ふたりの住まい。
ガーデニングが好きという、カトヤは
この広い庭を持つことができて、うれしそう。
天気のよい週末の朝には、ガーデンテーブルで
エルッキと一緒に、コーヒーを楽しみます。
からだいっぱいに、太陽、風、植物の香り、
自然を感じる、くつろぎのひとときです。

ヘルシンキ中心部から車で北に20分ほどの距離にあるカピュラは、緑豊かな住宅地。ダークレッド、オレンジ、イエローの3色にペイントされた建物の多くは、経済不況があった1920年代の住宅問題を解消するために建てられた木造の仮設住宅でした。緑に包まれる夏、雪におおわれる冬、どの季節も美しいこのエリアの建築物は、いまでは法律で守られています。引っ越して来る前に聞いていたよりも、ずっとすばらしい環境と、親切なご近所さんたちに恵まれ、このアパルトマンに暮らすことができて満足というカトヤとエルッキ。建物が持つオリジナルの雰囲気を大切に、手を加えながら暮らしています。

左：ダイニングキッチンとリビング＆ベッドルームのあいだは、壁の木組みが見えるようにしてナチュラルな雰囲気に。右上：リオ・デ・ジャネイロのおみやげに友だちからもらったバッグ。右下：カトヤがアートディレクターを務める「スオメン・クヴァレヘティ」は、アメリカの「タイム」のようなフィンランドのニュース雑誌。

左上：カトヤの妹、マルヨのシルクスクリーン作品。右上：フリーマーケットで見つけた花器に、カラフルなキャンドルをたてて。左中：アルプスでスノーボードをしていたときに出会ったふたり。フィンランド北部でソフトウェア・エンジニアをしていたエルッキは、引っ越してきたばかり。左下：家をリノベーションするときの参考にした本。右下：ベッドコーナーに置いた本棚とランプは、アンティークショップで。

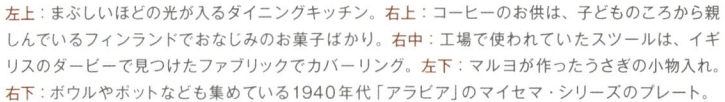

左上：まぶしいほどの光が入るダイニングキッチン。**右上**：コーヒーのお供は、子どものころから親しんでいるフィンランドでおなじみのお菓子ばかり。**右中**：工場で使われていたスツールは、イギリスのダービーで見つけたファブリックでカバーリング。**左下**：マルヨが作ったうさぎの小物入れ。
右下：ボウルやポットなども集めている1940年代「アラビア」のマイセマ・シリーズのプレート。

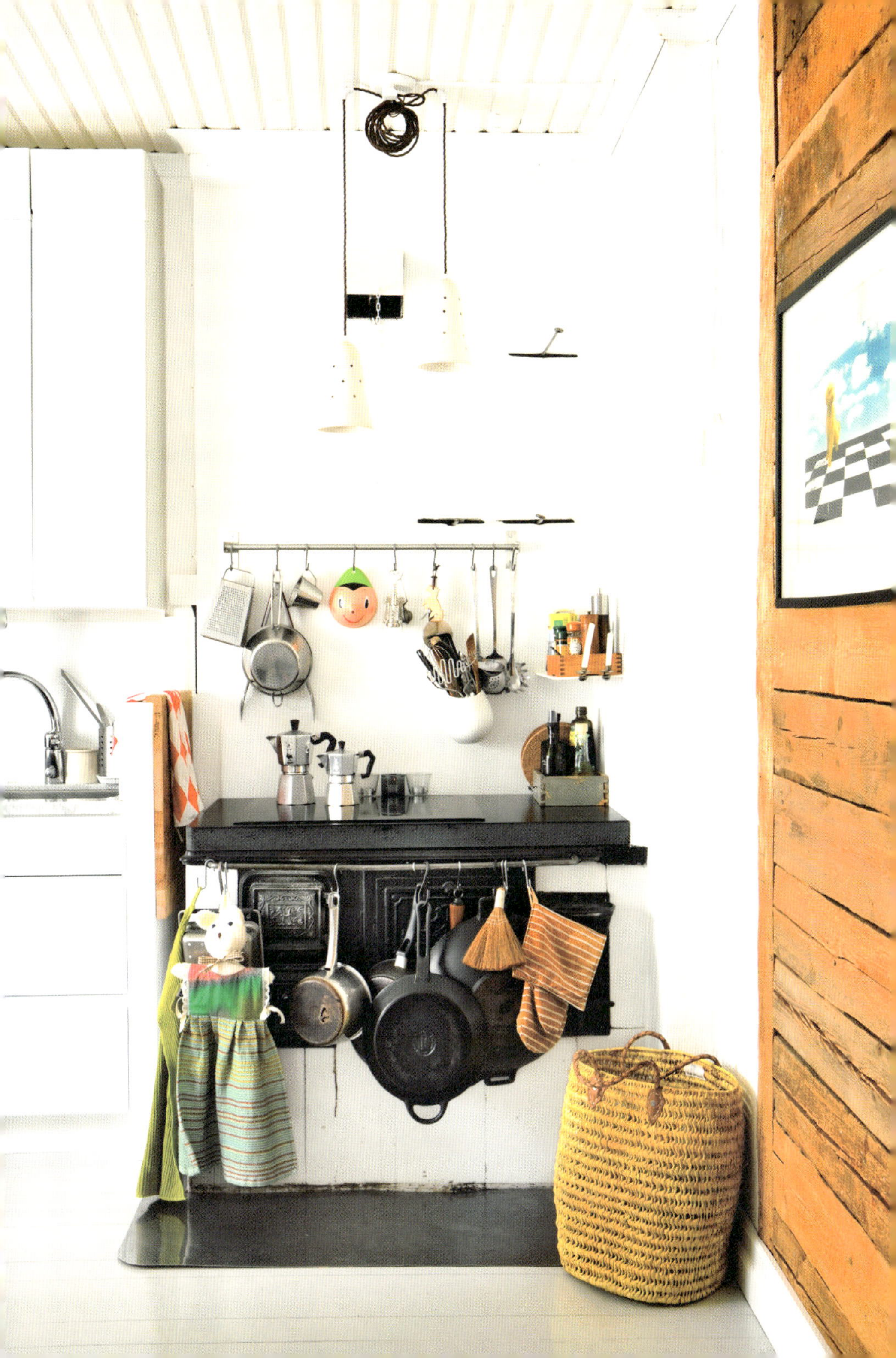

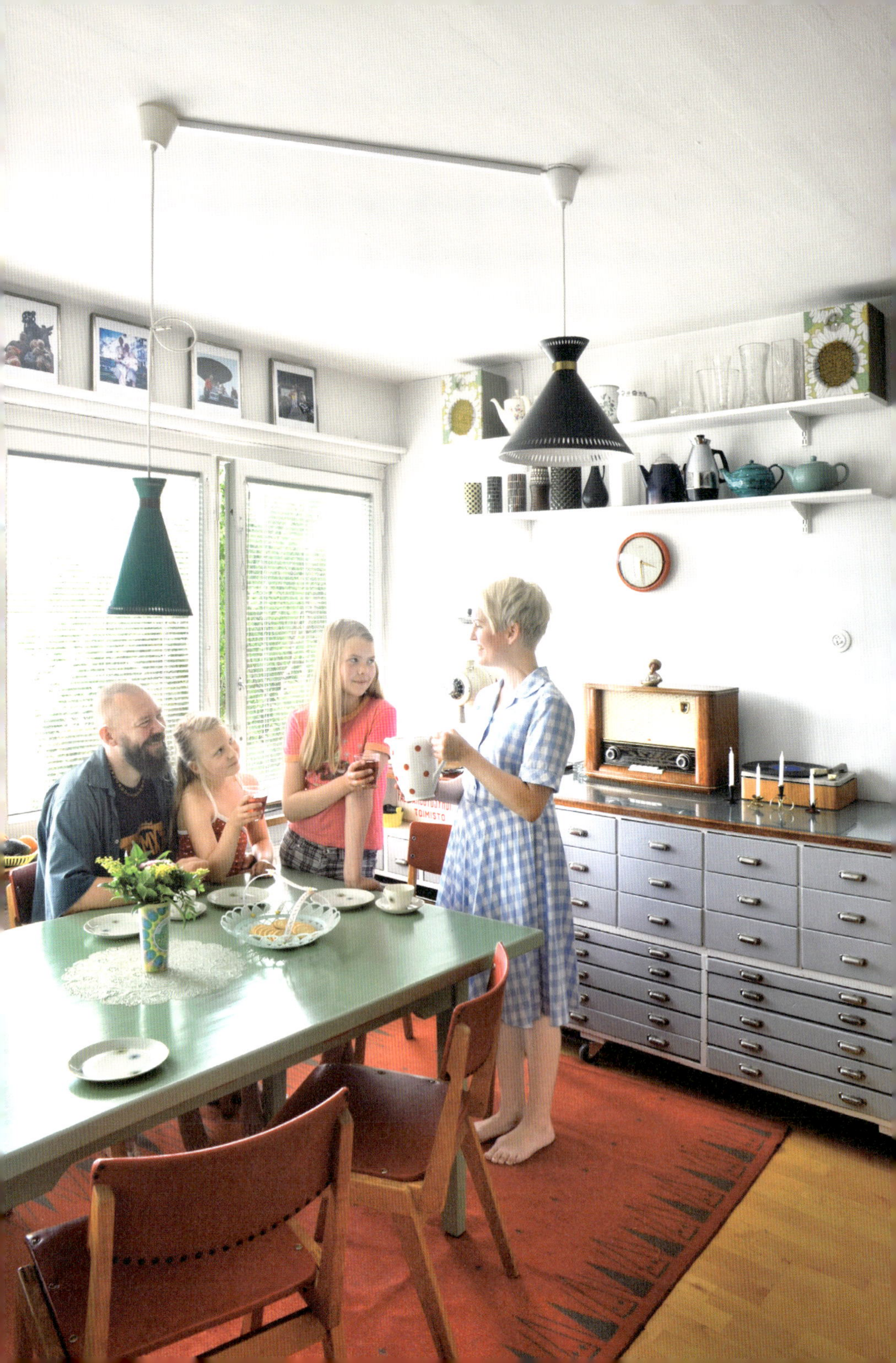
TOIMISTO

Aija Rouhiainen & Väne Väisänen

アイヤ・ロウヒアイネン&ヴァネ・ヴァイサネン

designer & director of photography
Alli & Elsa / 2 girls, 12 & 8 years old

楽しいアイデアあふれる、ハンドメイド・ホーム

家族が自然と集まる、おうちの中心はダイニング。
ファストフードやインスタント食品を買うことはない
というママのアイヤは、おいしい料理を作って
みんなで一緒に食事をすることを、大切にしています。
ママとパパのヴァネは、ものを大切にしていて
新しいものを買うことは、ほとんどなく
古いものをリサイクルしたり、ハンドメイドしたり。
アイデアをふくらまして工夫する楽しみは、いま
ふたりの女の子たちにも受け継がれています。

リサイクルやリデザインを提案するデザイナーのアイヤと、国営放送局で写真のディレクションをしているヴァネ。12歳のアッリと8歳のエルザの家族4人で暮らすのは、ヘルシンキの郊外にある海岸沿いの街ロイフヴオリ。窓から海まで見渡すことができる、眺めのいいアパルトマンは、ダイニングを中心に、リビングとパパとママのベッドルーム、女の子たちの子ども部屋という間取り。毎日を過ごす家をどんな空間にするかは、とても大切という一家。どの部屋もリメイクや手づくりのオブジェでいっぱい。壁にまでハンドペイントがほどこされている、愛情たっぷりのスウィートホームです。

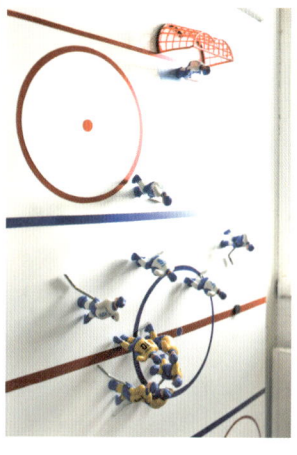

左：薬局が引っ越すときに譲り受けたオーク材のキャビネットをキッチンに取り付けて。フロアランプの黄色いシェードは、プラスチックリボンを編んで手づくり。右上：キッチンの壁は、50年代のテキスタイルを参考にアイヤがペイント。100時間かかった大作です。右下：ホッケー・ゲームの人形たちにマグネットをつけて冷蔵庫を楽しく。

40

左上：女の子たちは海へ出て泳ぐのが大好き。家族でビーチへ行ってピクニックをするのがお楽しみ。**右上**：フリーマーケットで見つけたティーセットと、アツリの洗礼式のときに使ったバスケットでビスケットをサーブ。**左中**：ヴァネのお父さんのショップで使っていたコーヒーミルはいまでも活躍。**左下**：引き出しの中は、見た目も美しくディスプレイ。**右下**：アイヤのおじいさんの食料品店で使われていた引き出し。

リビングのインテリアは、60年代スタイルに。大きな青いイスは、フィンランドのテレビ局のメイク室で使われていたものを引き取りました。

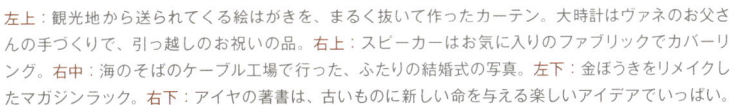

左上：観光地から送られてくる絵はがきを、まるく抜いて作ったカーテン。大時計はヴァネのお父さんの手づくりで、引っ越しのお祝いの品。右上：スピーカーはお気に入りのファブリックでカバーリング。右中：海のそばのケーブル工場で行った、ふたりの結婚式の写真。左下：金ぼうきをリメイクしたマガジンラック。右下：アイヤの著書は、古いものに新しい命を与える楽しいアイデアでいっぱい。

43

左上：60年代のシンガーミシンの看板は、おじいさんのお店の地下で最近見つけたもの。右上：レコードプレーヤーをリメイクした小物入れ。中：動物フィギュアを遊びごころたっぷりのネックレスに。左下：お友だちがプレゼントしてくれたスタンド。右下：洋服ダンスをリメイクしたミニ・オフィス。きれいな壁紙でデコレーションした内側を、ドアを閉じて隠してしまうのはもったいないと生まれたアイデア。

左上：ベッドルームは、アメリカで見つけたリゾート気分を味わえる壁紙を貼って開放的に。右上：リサイクルセンターやフリーマーケットで見つけたバッグは、チェーンや持ち手を付け替えて。右中：キッチュさがお気に入りのスペイン人形。左下：プラスチックバッグを細く切ったリボンで作ったランプシェード。右下：コレクションしているビートルズのカード。アイヤはポール・マッカートニーのファン。

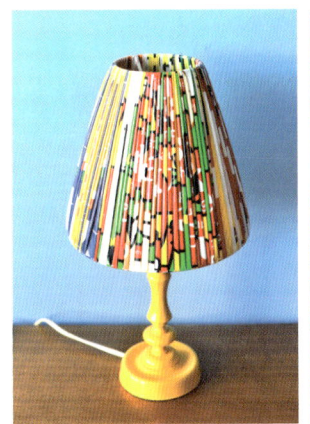

45

左上：アッリとエルザのために作った動物モチーフのペンスタンド。右上：60年代のミシンで、子どもたちはお人形のドレスを作ることも。左下：床下にある引き出し式ベッドもアイヤの手づくり。右中：小さくなったえんぴつで作った時計。学校からも譲り受けて、ペンスタンドなど新しい作品を手がけています。右下：しまうまのCDラックは、捨てられていたラックを女の子たちのためにと楽しくリデザイン。

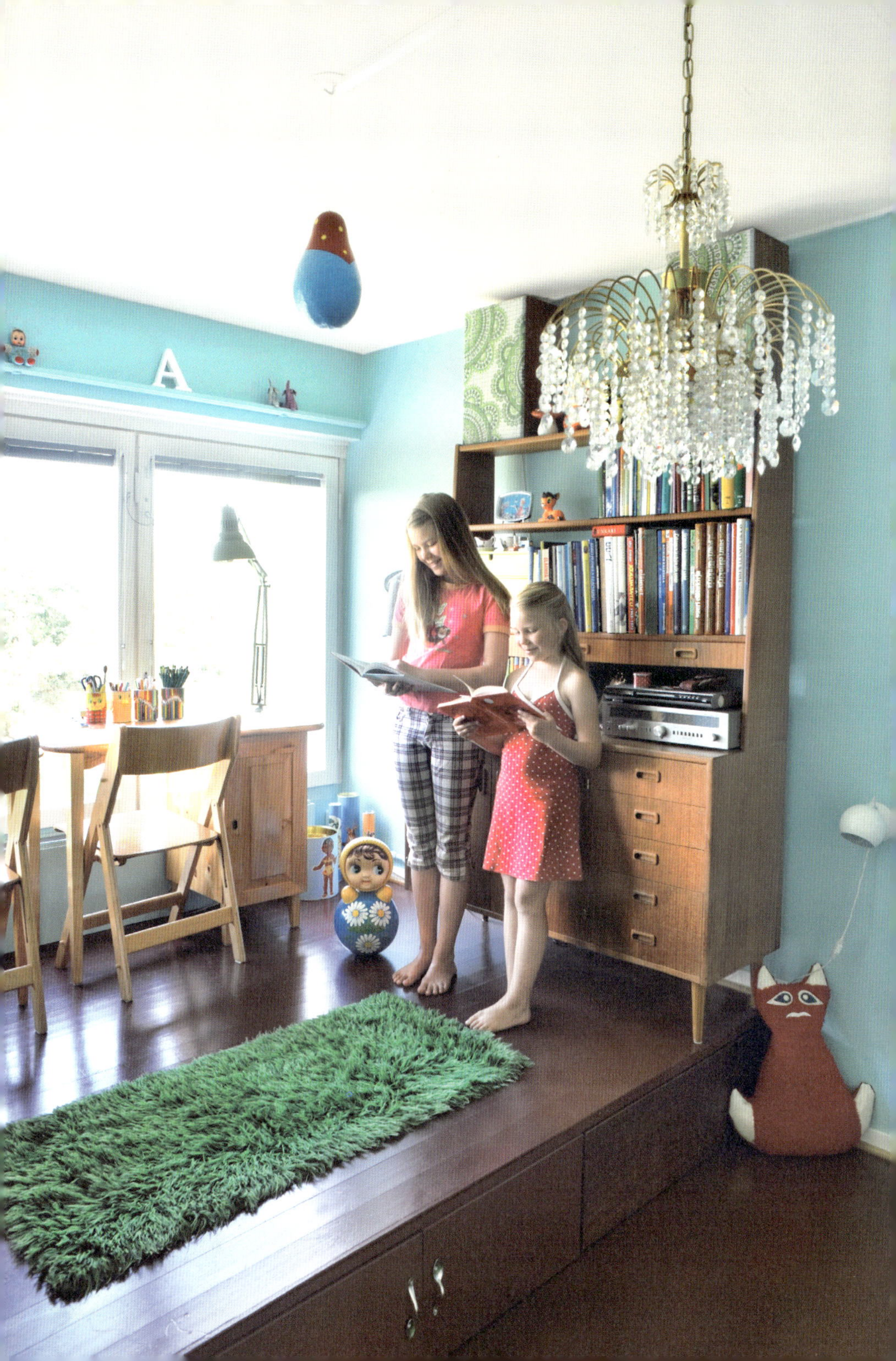

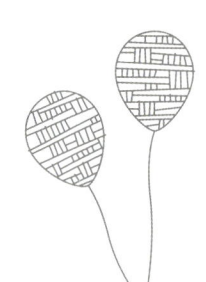

Sasha Huber & Petri Saarikko

サーシャ・フーバー & ペトリ・サーリッコ

visual artist & graphic designer
Basil / boy, 10 weeks old

家族をつなぐ、あたたかなストーリーに包まれて

ゆるやかな坂道をのぼった丘の上にあるアパルトマン。
南向きの大きな窓から差しこんでくる美しい光と
ジオラマのように広がる、ヘルシンキの街の眺めに
ひとめぼれしたという、サーシャとペトリ。
ふたりの出会いはイタリアで仕事をしていたときのこと。
「ラブ」が私をフィンランドに導いたのというサーシャ。
生まれたばかりのバジルは、家族の大事な宝物。
壁面やテーブルにディスプレイした、思い出の品が
すっきりとした空間に、あたたかさを添えています。

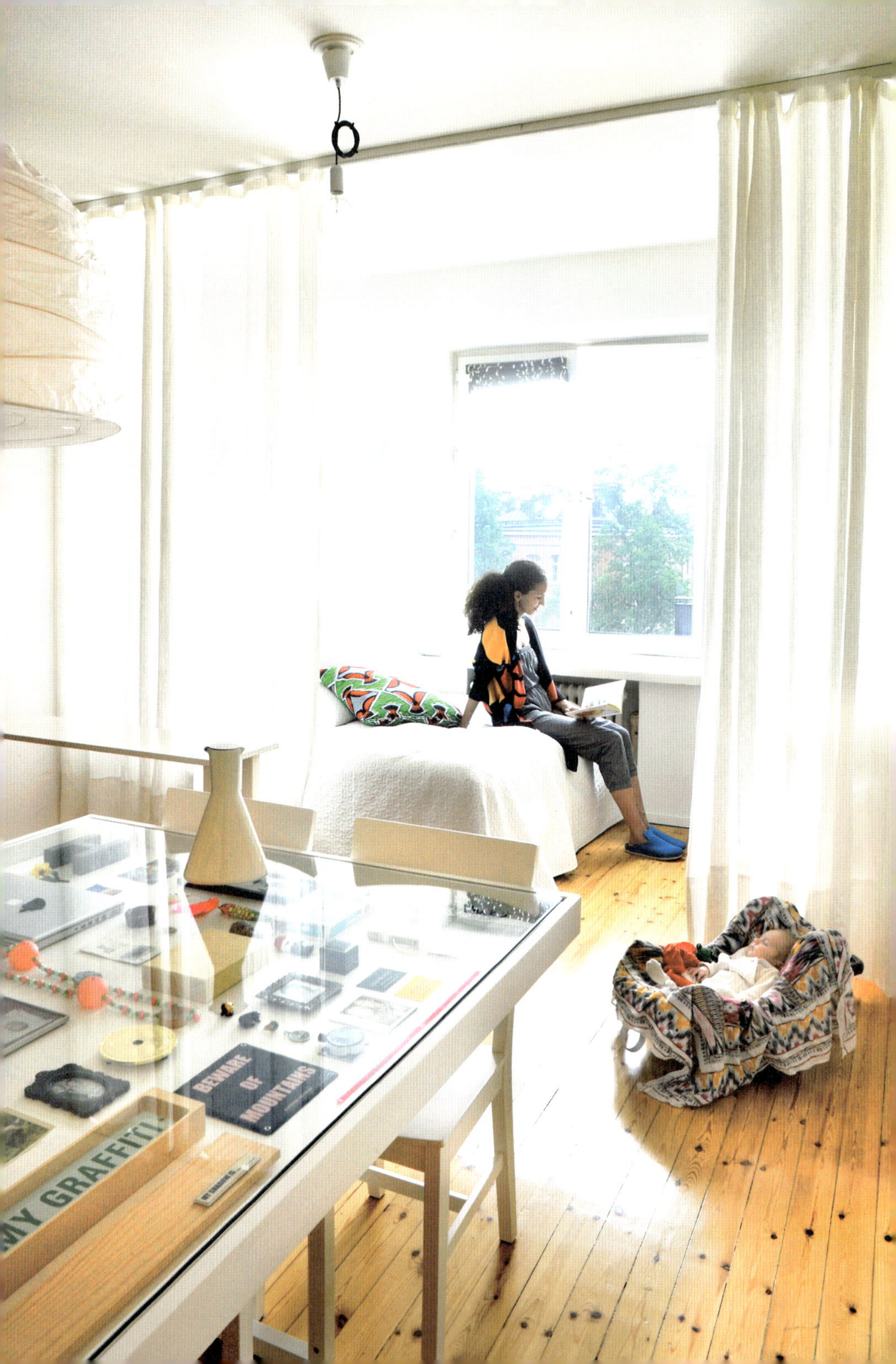
BEWARE OF MOUNTAINS
MY GRAFFITI

ハイチをルーツに持つスイス出身のサーシャは、美しい演出で政治的問題を表現するヴィジュアルアーティスト。フィンランド出身のペトリはグラフィックデザイナー。イタリアにあるベネトンが設立したデザインとリサーチの研究所「ファブリカ」で出会ったふたりは、すぐに意気投合。アーティスト同士、さまざまなコラボレーションを手がけてきました。家族が暮らすのは、街の中心部にも近いカッリオ地区。生まれたばかりのバジルのために、いまはダイニングの窓辺にベッドを設けています。リビングには、クローゼット兼ベッドの小屋を建てて、子ども部屋として使う日を楽しみにしています。

左：ダイニングテーブルは、サーシャの展示会のために制作したもの。ケースの中に、家族の思い出の品を美しくディスプレイ。右上：サーシャの「マリメッコ」のカーディガンは、友だちのユニット、リンネ・ニーニコスキのデザイン。右下：サーシャが撮影したペトリのポートレートと、ふたりの10年のアニバーサリー写真。

左上：サーシャのおばさんで、アメリカで活躍した最初の黒人モデルのひとりだったジェイニーをテーマにした作品「アイ・ラヴ・ジェイニー」からの1枚。**左中**：カラフルな布でベビーチェアをカバーリング。**右上**：ハイチで有名なアーティストだったおじいさんの絵画をはじめ、家族や友だちの作品を壁面にディスプレイ。**左下＆右下**：友だちから贈られたぬいぐるみや絵本に囲まれた、バジルのベッド。

上：リビングに飾った絵画は、2010年のハイチ地震をテーマにした展示会「ハイチ・シェリー」のためにサーシャのお母さんモニーク・フーバー＝レンボノーが描いた作品。**左下**：「オープン・キアズマ」という展示会のためにペトリが用意した望遠鏡。いまはリビングの窓からの天体観測用に。
右下：インドみやげのクッションカバーをはじめ、強い色をアクセントに取り入れて。

左上：赤いスカーフを巻いた「サーシャ・ドール」は、スイスのアーティストによる70年代の作品。右上：オーストリアのフォークロア・ジャケット。左中：現代美術館キアズマの所蔵作品になったサーシャのドキュメント・フィルム「レンティホルン」の図録集。左下：スケジュール帳の表紙は、コラージュで楽しく。右下：フィンランドの伝統的な木造建築の手法で、建てられた小屋。バジルの部屋になったら、郵便受けをつけてあげたいそう。

53

Sanna Sierilä & Chris Bolton

サンナ・シエリラ&クリス・ボルトン

fashion editor & designer, art director

ワンちゃんとのびのび楽しむ、ピュアなインテリア

ヨークシャーテリアのスタンリーは1歳になったばかり。
家の裏庭を走るのが大好き、元気な女の子です。
そんな愛らしいスタンリーを、子どものように
かわいがっている、サンナとクリス。
スタンリーとお散歩に行くようになったので
ご近所のことにも、詳しくなったそう。
家でリラックスする場所は、ソファーのそばの床。
小さなスタンリーと遊ぶために、いつもその場所に
横になっているからと、笑いながら教えてくれました。

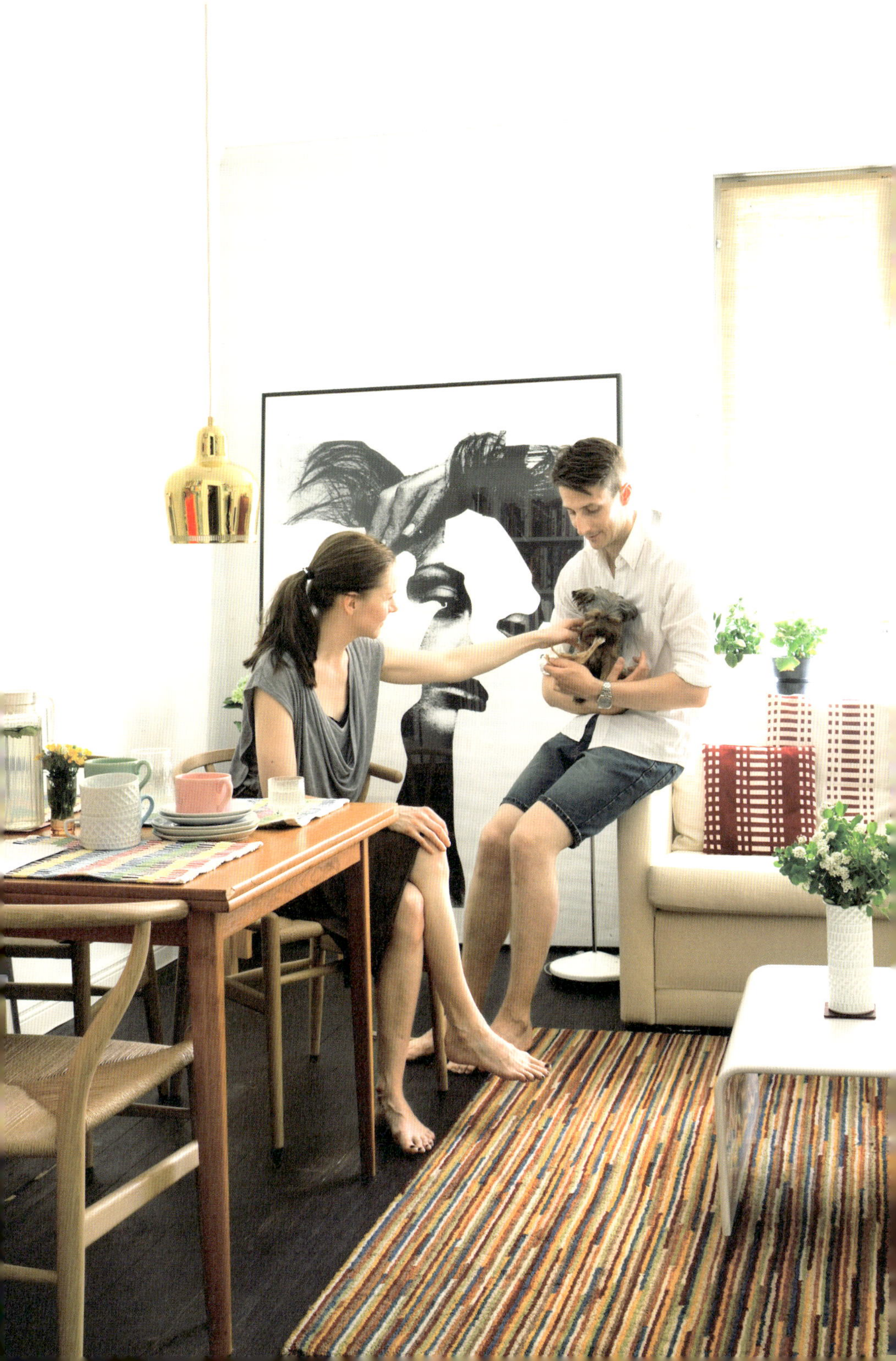

女性誌「オリヴィア」で活躍するファッションエディターのサンナと、アートディレクターのクリスが暮らすのは、ヘルシンキの中心からすこし北に位置するプー＝ヴァッリラ地区。このあたりには20世紀はじめに労働者のために建てられた木造のアパルトマンが建ち並び、それぞれに6〜8世帯が暮らしています。家屋はすべて明るい色でペイントされていて、住民たちが共同で楽しむ裏庭があります。1924年築のライトイエローにペイントされた家が、ふたりの住まい。いろいろなものを買うことが多いクリスが、この家のデコレーター。素朴な中に、少しずつ色や柄を取り入れて楽しんでいます。

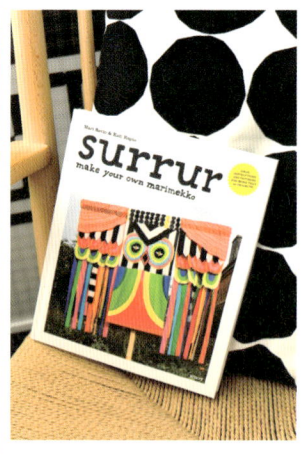

左：サンナお気に入りのハンス・J・ウェグナーのロッキングチェアに、「マリメッコ」のクッションを乗せて。右上：オイヴァ・トイッカの初期のガラス作品をコレクションしているクリス。右下：「マリメッコ」のファブリックを使ったハンドメイドのアイデアを紹介した書籍『Surrur』。

左上：週末は街に出かけたり、スポーツをしたり。左中：雑誌『オリヴィア』のチャリティー・ファッションショー。ヴァッツリラ・インテリア社の布地を使って、サンナが洋服をデザインしました。右上：白いタイル貼りの暖炉は、20年代のオリジナルのまま。左下：スタンリーの誕生日プレゼントはメモリー・ゲーム。右下：クリスの家族の写真と、オイヴァ・トイッカがデザインしたオイルランプ。

左上:「アルテック」のランプの下のテーブルは、イルマリ・タピオヴァーラのデザイン。壁にはフィンランドの写真家イスモ・ホルットの作品。右上:庭でつんだ花をテーブルに。右中:サンナ手づくりのストロベリー・タルトはローフードのレシピで。左下:『Surrur』の著者のひとり、マリ・サヴィオが、クリスマスにスタンリーに贈ってくれたぬいぐるみ。右下:クラッチバッグはクリスからのプレゼント。

上：同じアパルトマンに暮らす住民たちみんなで協力してお世話をして、楽しい時間を過ごす裏庭。ライラックの木陰にあるピクニック・テーブルは、みんなの憩いの場所。左中：コーヒーセットを持ち寄って、お隣さんと一緒にお茶の時間を楽しみます。左下：しゃくやくの花がもうすぐ開きそう。右下：ぶらんこは、読書にぴったりの場所。夏にはバーベキューをすることも。

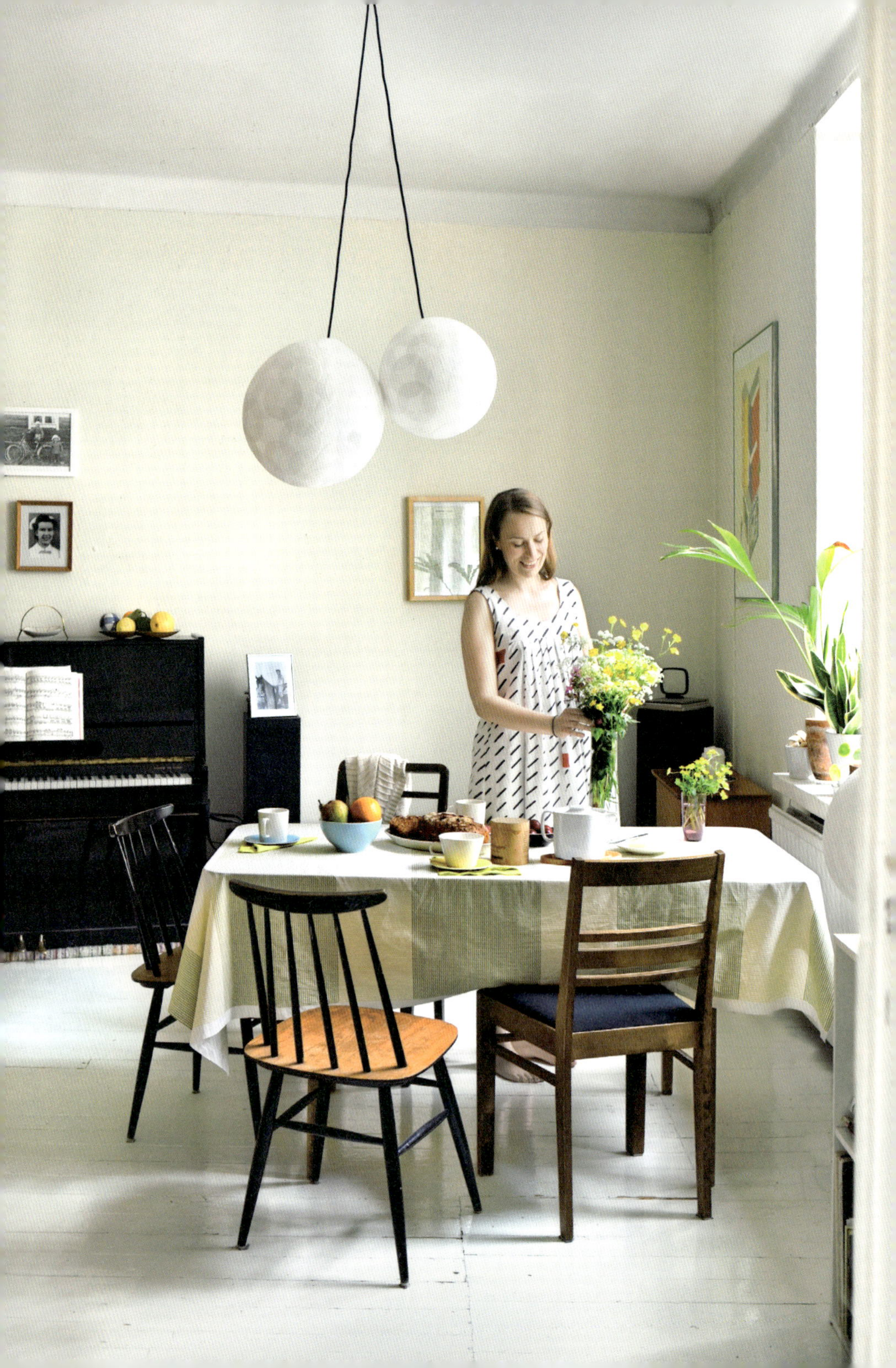

Hella Hernberg

ヘッラ・ヘルンベリ

architect, designer

アップサイクリングで、古い素材に新しい命を

ヘッラが暮らす、アパルトマンのあちこちから
やさしい光を投げかける「ボル・ランプ」。
おばあさんやお母さんの影響で、子どものころから
親しんできた、古い素材をリユースするという
アイデアから生まれた、ヘッラのデザインです。
すこしずつ素材感の違う、古いファブリックを
何枚も張りあわせて、大きなボールをハンドメイド。
古いものを再利用するだけでなく、デザインによって
新しい命が生まれる……それがアップサイクリングです。

ヘッラが暮らしている地区の名前ブナヴオリは、フィンランド語で「赤い山」という意味。若いデザイナーたちに人気のエリアです。アールヌーヴォー・スタイルの赤いアパルトマンの2階に、ヘッラの部屋はあります。玄関ホールからリビングと寝室どちらにも入ることができるという間取りがお気に入り。家具のよい背景となるように、ニュートラルな空間にしたいと考えたヘッラは、あたたかなアイボリーに壁面をペイントしました。シックな花柄の壁紙を貼ったキッチンも自分でデザイン。ものを増やしすぎないように、自分にとって意味があるもの、ストーリーを持つものを大切にしています。

左：子どものころクラシック・ピアノを習っていたヘッラ。いまはジャズをレッスン中。右上：古いファブリックを使ったヘッラのファッション・ブランド「リトゥン・イン・ザ・ウィンド」のドレスを着て。右下：高校生のころ撮影したモノクロ写真と、第二次世界大戦時に看護士をしていたおばあさんの写真。

左上：アイゼンヒュッテンシュタットに暮らす友だちが送ってくれた写真。右上：編み物はヘッラのリラックス法のひとつ。デザイン誌「エレファント」は、ニューヨークからのおみやげ。左中：サイクリングで出かけた海辺でつんできた花を飾って。左下：置き型の「ボル・ランプ」。右下：ソファーは以前アメリカ大使館で使われていたもの。ゴルバチョフとジョージ・ブッシュが座ったときの写真が残っているのだそう。

左上：キッチンは、自らリノベーション。ストックマン・デパートで見つけた壁紙を貼り、子どものころ妹が使っていた黄色いイスで色を添えて。右上：ずっしりとしたライ麦パンは、ヘッラの手づくり。右中：「アラビア」のアアム・シリーズのお皿と、お気に入りの50年代のカップ。左下：すべてハンドメイドという、ヘッラのドレス。右下：ベルリンで手に入れた黄色の靴と、ヘルシンキで見つけたヴィンテージの靴。

ベッドルームにも大きなサイズの「ボル・ランプ」を吊り下げて。古いファブリックのストックから好みの布地をセレクトして、ケーブルの色も変更できるオーダーメイドの商品です。

Vera Öller

ヴェーラ・オッレル

interior designer
Lumi / girl, 5 years old

親子で過ごすやさしい時間に、太陽もほほえんで

白は、さまざまなスタイルを作り出してくれる
魅力的な色という、インテリアデザイナーのヴェーラ。
娘のルミと一緒に暮らす、アパルトマンの中でも
表情豊かに、たっぷりと白を使っています。
家では、大きなダイニングテーブルのまわりで
過ごす時間がいちばんのお気に入りというふたり。
ルミは、ママにコーヒーをいれてあげるのが好き。
ハイライトは、ミルクを泡立てる作業！
やさしい太陽の光の中で、おしゃべりも弾みます。

4
Sunnuntai
Lauantai
Keskiviikko
Tiistai
Maanantai
TORRES

石の教会とも呼ばれるテンペリアウキオ教会があるトゥーロ地区。この街で生まれ、まだ赤ちゃんのときにオランダへ引っ越し、その後ドイツで育ったというヴェーラは、おだやかで、子どもにもやさしいトゥーロにまた戻ってこられたことを、とても喜んでいます。2匹のねこたちと一緒に暮らすのは、ヴェーラのおばあさんが1928年に建てたアパルトマン。オッレル家はもともとこの建物に暮らしていましたが、ふたりが最後の部屋を受け継ぐこととなりました。家族の歴史を感じる家に暮らすことができるのは、ヴェーラにとって大切なこと。ルミにもその思いを大事に伝えていきたいと考えています。

左：シンプルで使いやすそうなキッチンはヴェーラのデザイン。家の中でいちばん落ち着くダイニングテーブルでデザインの仕事をすることも。右上：ボール遊びが大好きというルミは、最近サッカーをはじめました。右下：新聞から切り取った曜日の部分を、毎日入れ換えるのがルミの日課。

上：レストランで使われる業務用の調理台を取り入れて、インダストリアルな雰囲気に。ルミはママの作るミートボールとパスタが大好物。左下：お手伝いが楽しくなってきたルミ。キッチンではコックさんの帽子をかぶって。右中：個人の住まいのデザインを手がけるほか、インテリア雑誌でのスタイリングも手がけるヴェーラ。右下：今日のおやつに作るのは、ルバーブを使ったケーキ。

左上：ダイニングテーブルを照らすランプは「イケア」で。右上：1940年代にカイ・フランクがデザインした「アラビア」のカップ＆ソーサー。左下：ソファーの上のクッションは、スウェーデンのリサ・ベングトソンのデザイン。右中：友だちのマイユとアレクシがオープンしたギャラリーの招待状。右下：ヴェーラが子どものころから集めているというボタンで作ったアクセサリー。ルミが夢中になっているのは、石集め。

リビングのソファーは、おばあさんから譲り受けた1950年代のもの。
ヴェーラのコレクションを見て、ルミはボタンに糸通しをはじめました。

左上：デスク横に貼ったメジャー・ステッカーで、毎日のように身長測定をするのだそう。右上：モンテッソーリ教育の幼稚園に通っていたルミは、お絵描きが大好き。右中：ヴェーラのおじいさんが作った箱を、宝物入れに。左下：おやすみの時間はムーミンと一緒。右下：ベッドの上でくつろぐライタ。アルファベット柄クッションは、文字を読んだり書いたりしはじめたルミのお気に入り。

上：「イケア」の地図柄カーペットの上で遊ぶ、ルミとねこのキャビー。左中：モスクワみやげのマトリョーシカやスウェーデンのダーラヘストなど、小さな人形たちを並べて。左下：きのこ型スツールは、ヴェーラが子どものころに持っていたもの。右下：自分で片づけできるように、フックは低い位置に。ギターは、ロックスターにあこがれるルミのお気に入りのおもちゃのひとつ。

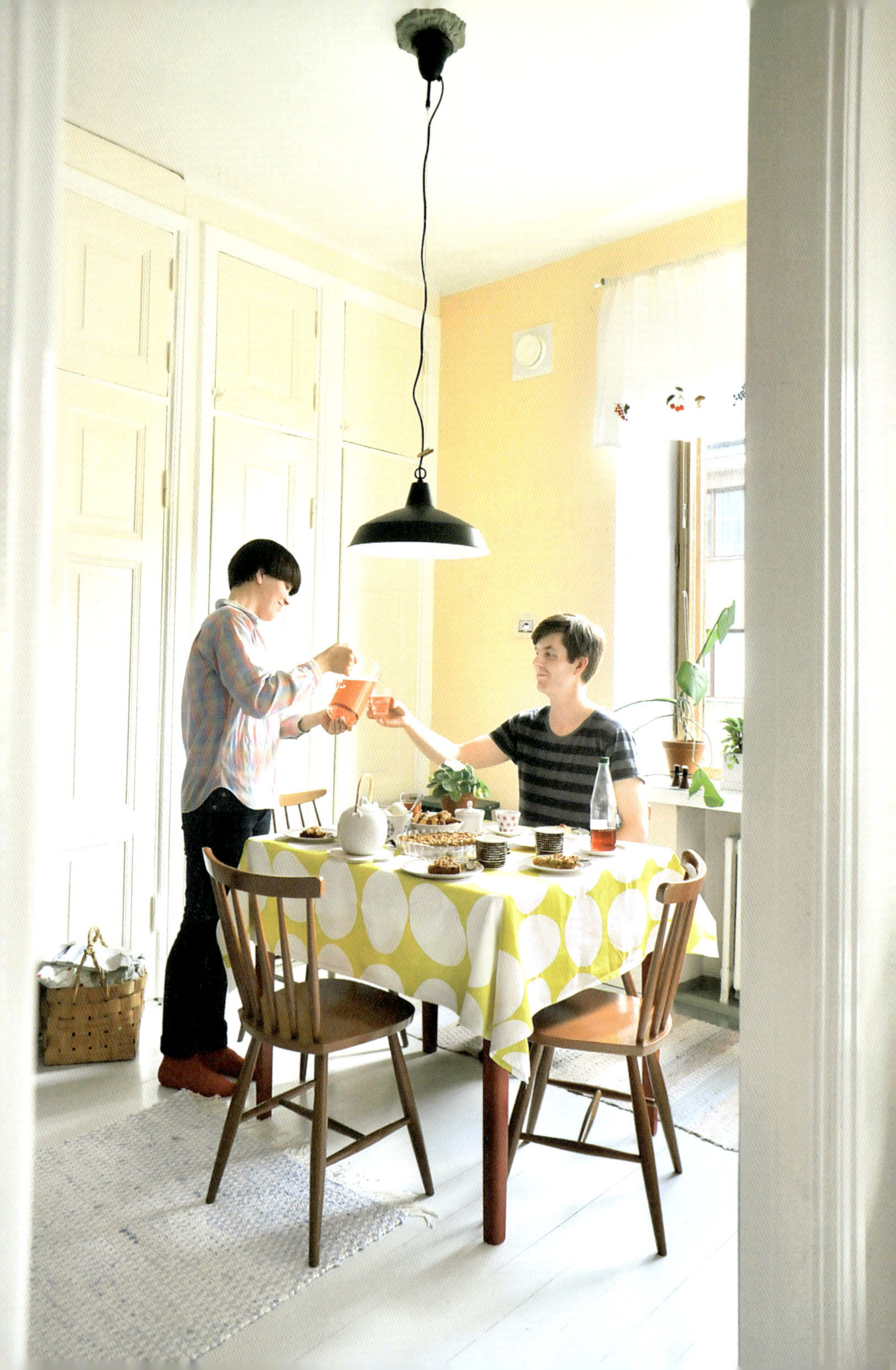

Hanna Konola & Jukka Koops

ハンナ・コノラ&ユッカ・コープス

illustrator & graphic designer

ひとつひとつのものたちも自分の居場所でリラックス

ピーチカラーのグラデーションでペイントされた壁面が
やわらかい印象のハンナとユッカのアパルトマン。
シンプルでいることが好き、本当に必要なものだけを
そばに置くようにしたいという、ふたり。
このアパルトマンにやってきた、それぞれのものたちが
ゆっくりと、自分の居場所を見つけてくれたら……。
フリーマーケットで、少しずつ集めたという
食器たちも、テーブルによくなじんでいます。
ここに集まる人ともの、みんながリラックスできる空間です。

「私たちにとって大切な場所は、大切な人たちがいるところ」というハンナとユッカにとって、アパルトマンがあるトゥーロ地区は中心部に近く、友だちや家族と気軽に会うことができる理想のエリア。1920年代から30年代の建物が並ぶ景色が美しく、素敵なカフェや小さなショップもたくさん。グラフィックデザイナーのユッカは自転車で5分のところにあるデザイン事務所にお勤め。ハンナは雑誌の挿し絵やテキスタイルデザインなどを手がけるイラストレーターです。リビングに置いたデスクが、ハンナのクリエーションの場所。ふたりの時間は、一緒にお料理をしたり、音楽を聞いたりして過ごします。

左：2010年の夏、東京で行った展示会のためにハンナが描いたドローイング「マヤ」。右上：ハンナのお母さんが毎年、秋に作ってくれる赤すぐりの実とりんご、ラズベリーのミックスジュース。右下：お菓子づくりが好きなハンナ。今日はルバーブのクランブルケーキでティータイム。

左上：日本の美大へ短期留学したハンナ。ふたりで東京に暮らした6か月の日々は楽しい思い出ばかり。
左中：ハンナが生まれ育ったブハヤルビの職人の手によるバスケットは、毎週木曜日のサウナ用。**右上**：ダイニングテーブルには「フィンレイソン」のクロスをかけて。**左下**：フリーマーケットやガレージセールで見つけた食器たち。**右下**：クッキーを乗せたお皿はユッカのおばあさんから譲り受けたもの。

ふたりとも料理好きで、毎日の食事の準備ではいつも一緒にキッチンに立つのだそう。いま欲しいものは、たくさんの友だちを招くことができる大きなテーブル。

左上：ハンナのお母さんが織ったカーペットの上に置いたフェルトシューズは、アルホン・フオパテハダス社のもの。右上：かわいらしい刺しゅう入りカーテンも、お母さんの手づくり。左下：ユッカが幼いときに暮らしていた家にあった本棚を譲り受けて、白くペイント。右中：「カランコロン京都」の帆布バッグは、ユッカからのプレゼント。右下：おうちの裏庭で撮影したハンナの子どものころの写真。

上：リビングに敷いたカーペットもお母さんの手づくり。窓辺には、大切にしているペラルゴニウムの鉢植えを飾って。左下：手づくりのストラップとポンポン、ユッカからの韓国みやげのくまさんをキーホルダーに。右下：幅広いジャンルの音楽を聞くふたり。ぬくもりのある音や演奏の雰囲気を感じられるレコードがお気に入り。

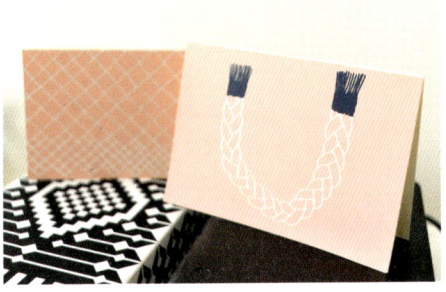

左上：ハンナが手がけた雑誌「コティヴィンッキ」の挿し絵。**右上**：ヘルシンキ芸術デザイン大学のクリスマス・セールで制作したカード。**左中**：ユッカが子どものころから使っていたデスクライト。**左下**：ドローイングは東京のホテル・クラスカでのイベントのために描いたもの。「カウニステ」のキッチンクロスは、ポケットの中のお砂糖をモチーフにしたデザイン。**右下**：デスクはハンナお気に入りの場所。

81

Maarit Hohteri & Vladimir Kekez

マーリット・ホホテリ＆ヴラディミール・ケケッツ

photographer, graphic designer & percussionist

さまざまな色とモチーフを、楽しく仲よくミックス

キッチンには、フィンランドの有名なデザイナー
ビルガー・カイピアイネンの手による、ひばりの壁紙。
ソファーコーナーには、メタリックゴールドと白で
ダマスクローズが描かれた、明るい水色の壁紙を。
マーリットとヴラディミールが暮らす、アパルトマンは
さまざまな色とモチーフを楽しくミックスした空間。
新しい家具を手に入れると、ペイントをほどこしたり
古い雑貨を取り入れたり、自分たちの個性をプラス。
みんながくつろげる、フレンドリーな雰囲気です。

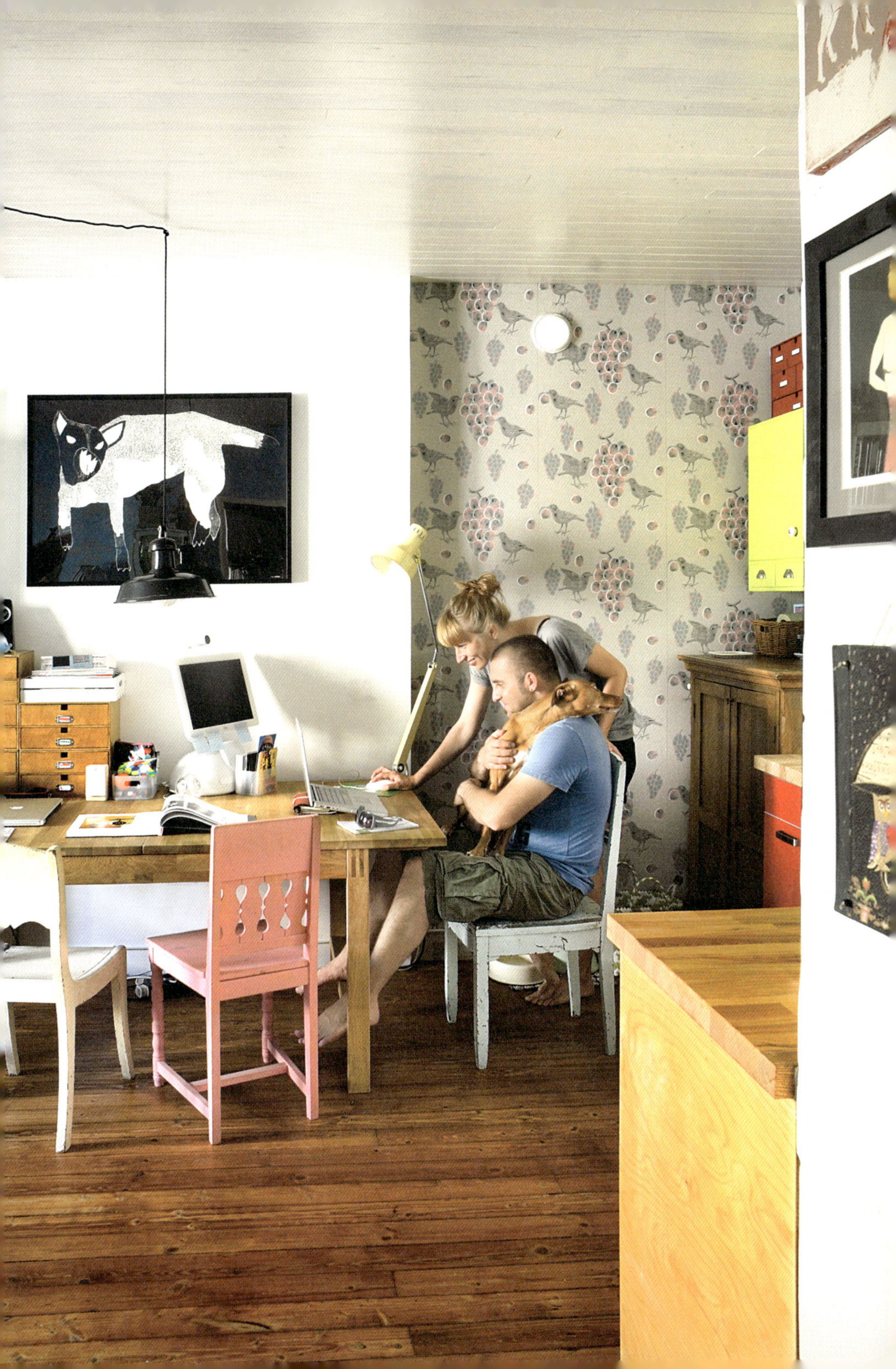

アーティスティックなポートレート作品を手がけるフォトグラファー、そしてヘルシンキ動物園のグラフィックを手がけるデザイナーとして活躍するマーリット。ヴラディミールは、バンド「バルカン・フィーヴァー」でパーカッションを担当するミュージシャンです。ふたりがスペインからやってきたアスタと一緒に暮らすのは、リンナンマキ遊園地のすぐそばのアパルトマン。窓をあけると、ジェットコースターに乗った人たちの楽しそうな声が聞こえてきます。リビングに置くソファーは家族がくつろげることが大切というふたり。アスタのために置いた大きなソファーで、みんなでのんびり過ごします。

左：「デザイナーズ・ギルド」の壁紙を貼ったソファーコーナー。ヴラディミールのルーツでもあるセルビアのキリル文字の看板もディスプレイ。右上：子犬のころスペインで保護されたというアスタ。暑さが得意で、ふたりと一緒にサウナにも入るのだそう。右下：60年代から70年代の食器を集めているマーリット。

左上：左はフィンランドのコーヒー会社「パウリグ」の2010年版のデザイン缶、右の小麦粉の缶は1920年代フランスの復刻デザイン。**左中**：テレサ・ムーアハウスがデザインした「マリメッコ」のプレート。**右上**：家事はなんでもふたりで分担。料理はウラディミール、お菓子を焼くのはマーリット。**左下**：エステリ・トムラがデザインした「アラビア」のコーヒージャーと水差し。**右下**：「イッタラ」のカップに、ハーブティーをいれて。

左上：人なつっこく、やさしい性格のアスタ。もうすぐセルビアから、もう1匹の仲間を迎える予定。右上：セルビアのアーティスト、カタリナ・ドラギが結婚のお祝いに贈ってくれた作品。右中：ヴラディミールが演奏する、北アフリカや中東でポピュラーなドゥンベックと西アフリカのジャンベ。左下：マーリットのお母さんが子どものころの写真をいれたガラス瓶と、フィンランドのリコリス・キャンディの缶。

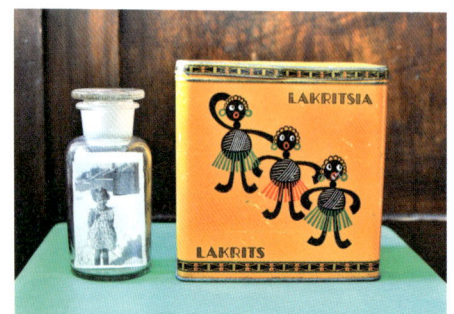

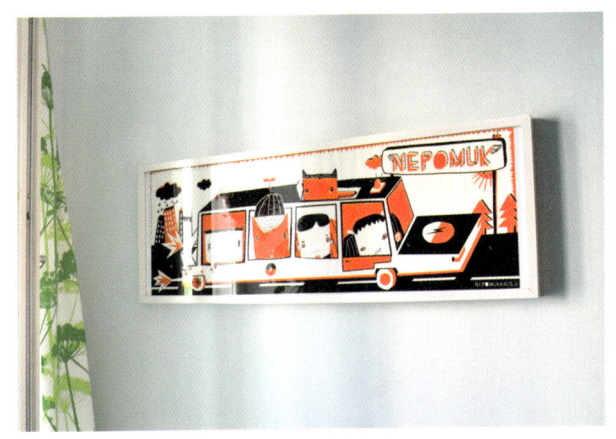

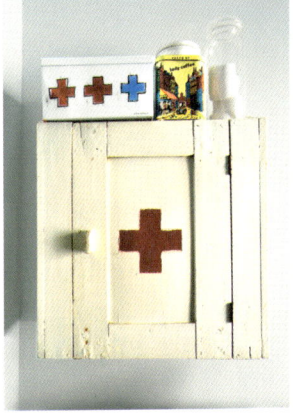

左上：ベルリンをベースにするデザインスタジオ「ネポムク」の作品。右上：壁に取り付けた救急箱。左中：ベッドサイドのランプは、フリーマーケットで。左下：1997年から続けているマーリットのポートレート作品。日常の一場面をドキュメンタリー・タッチでとらえます。右下：「マリメッコ」のベッドリネンはクリスティーナ・イソラのデザイン。棚にはヴラディミールのフィンランド語の勉強にも役立つ絵本を並べて。

Jessica Leino & Aarno Rankka

イェッシカ・レイノ&アールノ・ランッカ

art director & sculptor
Rudi / boy, 8 months old

大きなベッドの上は、家族だけのプレイグラウンド

今日はベッドの上で、ピクニックしましょう!
ママのイェッシカの楽しいアイデアで、おやつタイム。
パパのアールノが、メキシコから持ち帰った
シックなカラーリングのマットの上で、くつろいで。
8か月になるルディも、ベビーフードをパクリ。
ベッドは、家族でいちばん長い時間を過ごす場所。
眠るときはもちろん、みんなで映画を見たり
のんびりしながら、ここで食事をすることも。
ルディと同じ目線で、家族の時間を楽しみます。

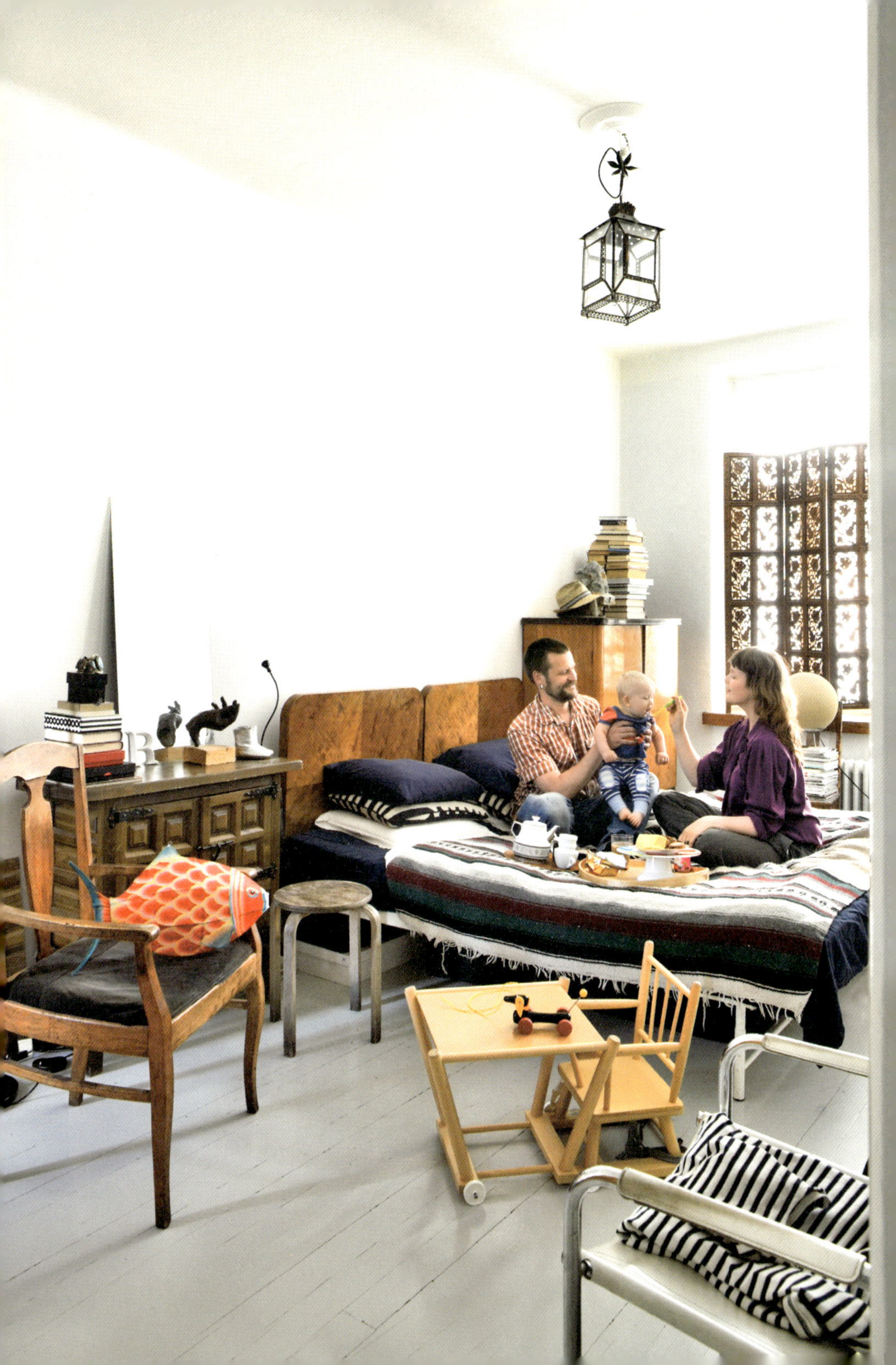

美しいれんが造りのハカニエミ・マーケット・ホールのすぐ近くに暮らすアートディレクターのイェッシカと彫刻家のアールノ。1913年築のアールヌーヴォー・スタイルのアパルトマンは、いまでもこの建物に暮らす90歳過ぎのアウネおばあさんの家族によって建てられました。アウネおばあさんがアート好きということもあり、たくさんのアーティストや学生たちがここに暮らしています。一家が暮らす部屋には、アールノの彫刻作品がインテリアに溶けこむように飾られています。家族や友だちから受け継いだ古い家具とアートから生まれる雰囲気は、まるで映画のワンシーンのよう、不思議な魅力が漂います。

上：ベッドルームは、家族にとっていちばん大切な場所。家具の多くはイェッシカの家族から譲り受けた40年代のもの。左下：ルディのファーストシューズは、妊娠1か月のときに見つけたもの。アールノが作った手のブロンズ像は、アクセサリーや花などを持たせることができます。右下：トレイでコーヒーとおやつをベッドに運んで。

左上：ルディはいつもにこにこ好奇心旺盛な男の子。左中：本の上に置いたターコイズのブレスレットはイスタンブールで。右上：アールノの作品「マドンナ」は、手のひらの穴に50セント硬貨を入れると目から涙が、1ユーロを入れると赤ワインがあふれてくる仕組み。左下：イェッシカがアートディレクターを務めていたファッション誌。右下：彫刻家のユッシ・マントゥネンによるヘラジカの像。壊れてしまった姿に魅力を感じて。

左上：イスタンブールみやげのクッション。右上：「ムーミン」のキャラクター、スティンキーのマグカップはアールノのお姉さんから。左下：子どものころラップランドに暮らしていたというアールノ。窓辺にはフリーマーケットで見つけたトナカイの角やファーをソファーにかけて。右中：本棚に背が見えないように本を並べるのはイェッシカの習慣。右下：力強い腕を表現した彫刻作品「ワーク・リベレイツ」。

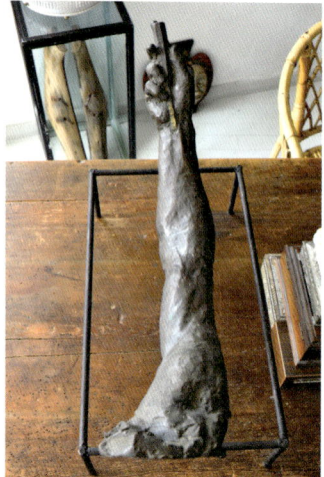

イェッシカのお母さんのブティックで使われていた大きなテーブルを中心にしたリビング。50年代のシャンデリアに吊り下げた、パーティ用の飾り付けはルディのお気に入り。

Ilona Hyötyläinen & Teemu Hämäläinen

イロナ・ヒュオテュライネン&テーム・ハマライネン

fashion designer Miun & project director

太陽の光の色に包まれる、ふたりで手がけたパラダイス

イロナが子どものころに住んでいた家の思い出の色。
明るく軽やかなイエローは、太陽の光のよう。
部屋にあわせて描いた絵画や、ハンドメイドのクッションに
取り入れて、モダンな空間にあたたかみを添えます。
このアパルトマンは、両親たちに助けてもらいながら
テームと一緒に自分たちの手で、リノベーション。
ふたりが手がけるブランド、ミウンの世界観と同じく
どこかロマンチックでエレガントな雰囲気に。
セラミックの天使たちが翼を休めるパラダイスです。

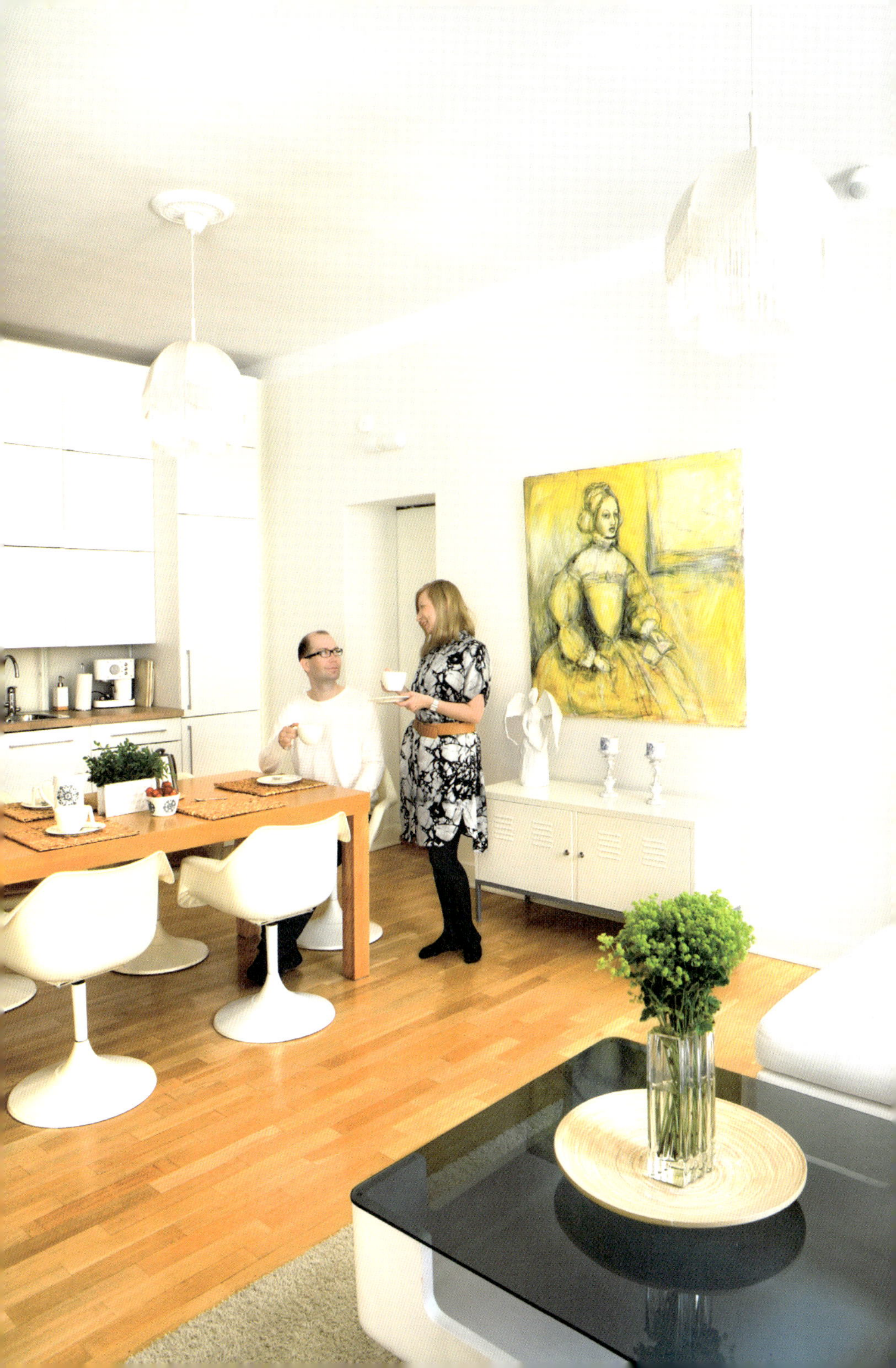

セレクトショップやレストランなどが集まる通り、ウーデンマーカトゥにショップを構えるレディース・ブランド「ミウン」のデザイナーのイロナと、ディレクターのテーム。ふたりが暮らすのは、中心部に近い住宅地のクルヌンハカ地区。なじみのお店でいつも同じ顔に出会える、小さな村のような雰囲気が気に入っているそう。壁を移動させたり、キッチンを取り替えたり、何か月もかけて自分たちの手でリノベーションしたアパルトマンは、ふたりの宝物です。プロジェクターや音響のシステムはテームのこだわり。リビングと寝室のあいだのまっ白な引き戸をスクリーンに、ふたりで映画を楽しみます。

左：エーロ・サーリネンの代表的なデザインのチューリップ・チェアに、イエローのクッションをあわせて。「イッタラ」のエゴ・カップは結婚のお祝いに。右上：イロナが子どものころから使っていた「アラビア」のシュガーポット。右下：陶芸をたしなむイロナのお母さんが手がけたプレート。

左上:「アラビア」の水差しとボウルも、子どものころから使っていたもの。**右上**:ブルーベリーの枝をいけた花器は、イロナのお母さんの作品。**左中**:シャツドレスは「ミウン」の2011年春夏コレクションから。すべての素材や縫製をどこで誰が手がけたのか分かるようにしているのだそう。**左下**:「イエロー・プリンセス」はリビングに飾るために描いた作品。**右下**:向かいの壁に飾った作品も、イロナがテンペラ絵具で描いたもの。

左上：ヘルシンキより北にあるミッケリという街で高校生のころに出会ったふたり。玄関に当時と最近の写真を並べて。左中：「天使のドレス」は、イロナのお母さんがシリーズで手がけている作品。右上：ゆったりとした「ハコラ」のソファーは、この家のために唯一購入した新しい家具。左下：イロナとお母さんでハンドペイントした布地で作ったクッション。右下：2008年のコレクションをインスピレーションに作られたセラミックドレス。

左上：セラミックドレス作品と、テームのお兄さんが撮影してくれた写真。右上：2011年秋冬の
イメージソースになったスクラップブック。左中：ヘルシンキの風景写真をプリントしたドレスと、
そのデザインの元になったスクラップブックの1ページ。左下：ふたりで手がけたリノベーション
の様子を1冊のアルバムにまとめて。右下：書斎の壁面に並ぶのは、イロナの水彩画。

引き戸を締めると、巨大なスクリーンに。寝室のクローゼットにかけたドレスは、お母さんから譲られたものと「ミウン」の中で特別気に入っている1着。

左上：布と石こうを素材にした人形は、イロナの学生時代の作品。右上：「イケア」のボックスは収納に活躍。いくつかはヴィンテージの壁紙でカバーリング。左下：ベッドルームの壁はソフトなピンクベージュにペイント。壁面の絵画も、この部屋のためにイロナが描いたもの。右中：フリンジを加えてリメイクしたヴィンテージのランプ。右下：サイドテーブルには、インスピレーションソースになるビジュアルブックを並べて。

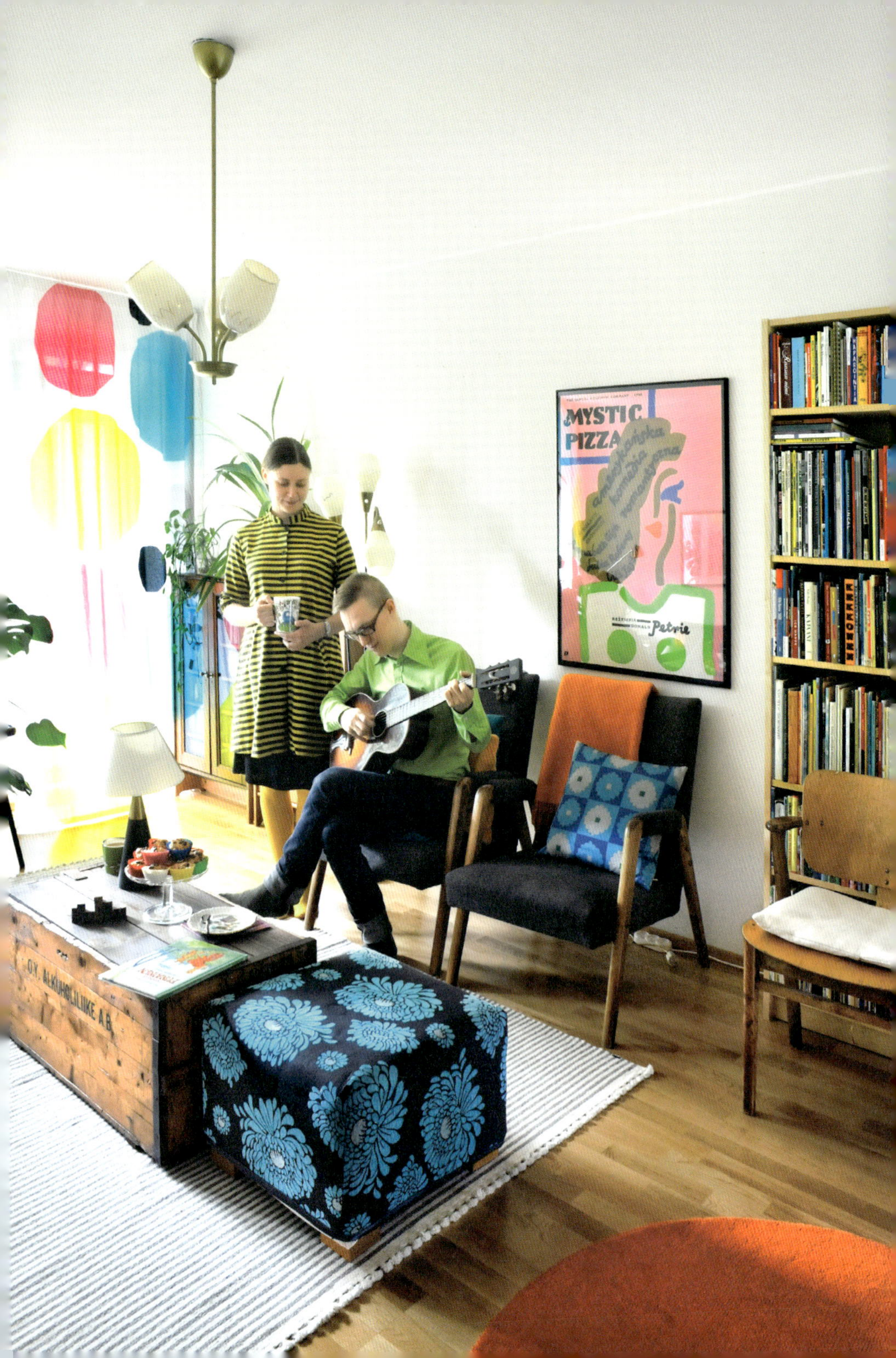
MYSTIC
PIZZA
Petrie
OY. ALKOHOLILIIKE A.B.

Laura Savioja & Ilja Karsikas

ラウラ・サヴィオヤ&イルヤ・カルシカス

graphic designer & illustrator

緑の木々に囲まれた部屋を、ポップな色で楽しんで

しらかばの立ち並ぶ森に、大きな松の木。
どの部屋の窓からも、自然を感じることができて
しあわせという、ラウラとイルヤのアパルトマン。
玄関ホールはトマトレッド、キッチンはミントグリーン、
ベッドルームは森の気分でコーディネートというふうに
スペースにあわせた色とスタイルを楽しんでいます。
カラーリングで遊ぶことは、ラウラが得意。
イルヤも、だんだんと色の魅力に目覚めたそう。
ふたりのいきいきとした喜びに満ちあふれた空間です。

グラフィックデザイナーとイラストレーターとして活躍するラウラとイルヤが暮らすのは、ヘルシンキの中心部から車で北に15分ほどの距離にあるムンキヴオリ地区。見渡す限り緑が広がる中に、通りに沿って1950年代に建てられたアパルトマンが美しく並ぶエリアです。都心部から少し離れた、木々に囲まれる暮らしをとても気に入っているというふたり。家の中では、友だちのアート作品と、おもちゃや雑貨のコレクションを愛情を持ってディスプレイ。カラーリングは明るい50年代スタイルに。ショールームのような空間ではなく、ぬくもりと喜びを感じられる家にしたいと考えています。

上：リビングの壁面には、イルヤの幼なじみのティモ・トロネン、同じエージェントに所属しているヤッコ・パッラスヴオ、そしてラウラの作品を飾って。左下：赤ちゃん人形はフィンランドのラハティ、くまはエストニアのフリーマーケットで。右下：子ども向けの詩集のイラストは、ラウラが手がけたもの。

左上：玄関ホールの棚の上は、最近手に入れたお気に入りの本をディスプレイするコーナー。右上：ロシアのキャラクター、チェブラーシカのコレクションと、イルヤの絵本のキャラクターをペイントしたマトリョーシカ。左下：イルマリ・タピオヴァーラがデザインしたイスは、ラウラが通っていた小学校で使われていたもの。右中：絵本の世界にあわせてCDをリリースしたイルヤ。作曲と作詞も手がけたのだそう。右下：イルヤの手がけた絵本。

左上：キッチンの壁面にはマグネットペイントを塗って、簡単にピンナップを楽しめるように。左中：クランベリーとポピーシード、フェタチーズが入ったソルティ・マフィンは、ラウラの手づくり。右上：ふたりでリノベーションしたキッチン。食器棚は50年代のオリジナルをそのまま残して、白くペイント。左下：特別な日も普段の食卓にも、喜びをもたらしてくれる食器たち。右下：おばあさんから譲り受けた「フィネル」のホーロー鍋。

上：森が広がる眺めのいい窓辺にテーブルを置いて。壁にはインスピレーションを感じるポストカードや写真、アート作品をピンナップ。左中：仕事に行く前の朝の時間は、ダイニングでラジオを聞いて。左下：アンデルセンの童話が描かれたプレートは、ふたりのお気に入り。右下：イルヤがラウラの誕生日に贈った「カンパニー」のビビンバッグ。「ノキアン・フットウェア」のラバーブーツは色違いで。

左上:「エリアウェア」のゴリラ柄クッションと、友だちが作ったうさぎのキャラクターのぬいぐるみ。
右上:アクセサリーをのせたシルバー・プレートはおばあさんから譲り受けたもの。左下:壁にかけた油絵はティモ・トロネンの「ザ・ブラック・リバー」。右中:50年代のヴィンテージランプ。右下:『チェブラーシカ』の作者でもあるエドゥアルド・ウスペンスキーの本は子どものころからのお気に入り。

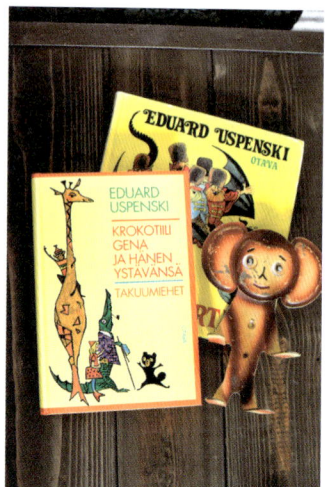

「タペッティタロ」の壁紙に「マリメッコ」のカーテン、ベッドルームはすべて自然を感じさせるデザインにして、窓から見える森の景色に溶けこむように。

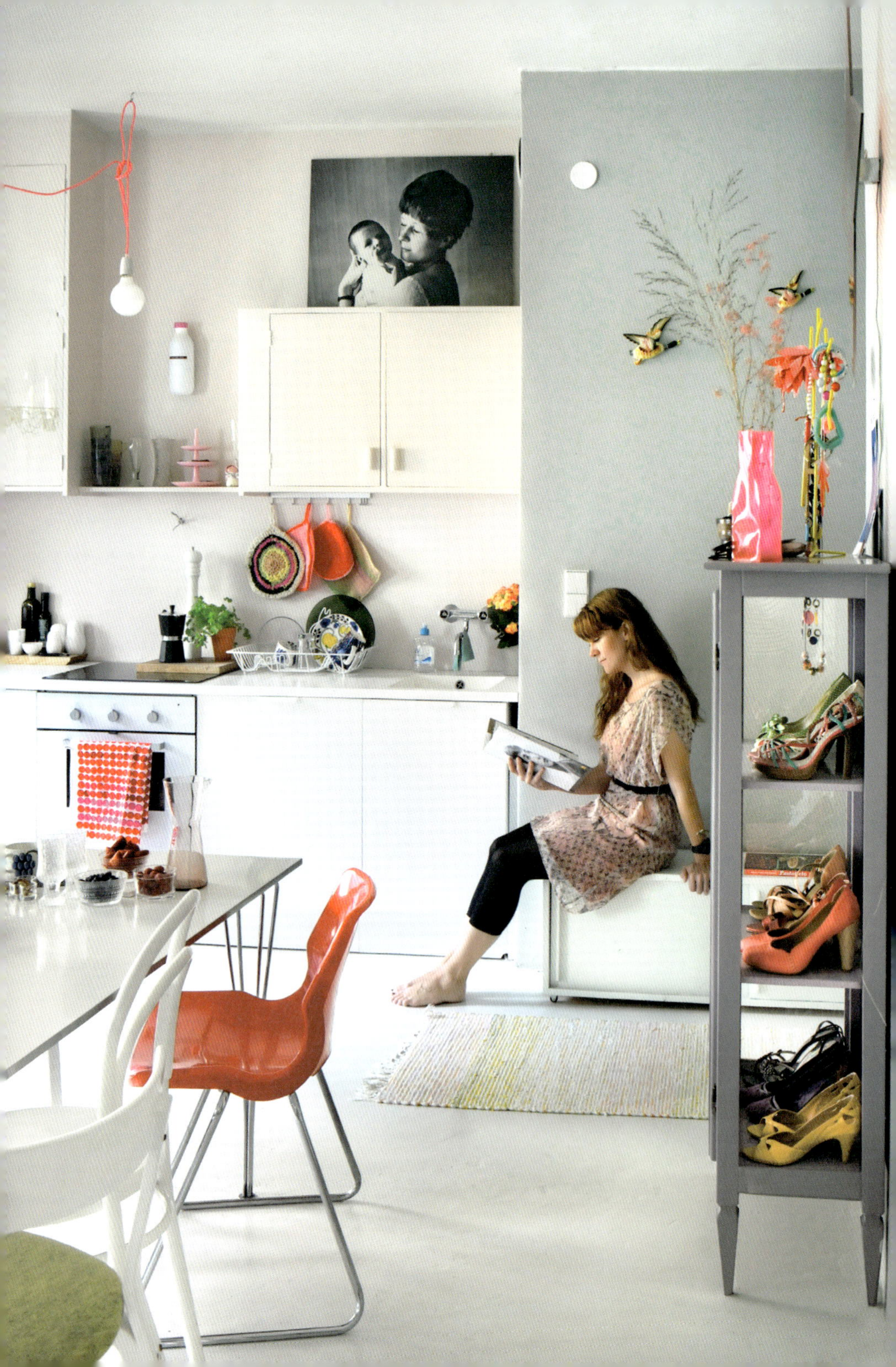

Mari Relander

マリ・レランデル

interior designer

ペールトーンのカラーパレットで、スウィートに

ピンク、ラベンダー、ライトグレーにアイボリー。
マリが暮らす、アパルトマンの壁面をいろどる
やさしいニュアンスのペールトーン・カラー。
好きな色を選んで、ペイントするうちに
ロマンチックな雰囲気に、自然となったのだそう。
自分の手で、リノベーションした空間に
ひとつずつ、お気に入りのものが加わって……
アパルトマンのスウィートなインテリアは、
マリの世界を、映しとったかのようです。

いくつものトラムのラインが走る交差点があるソルナイネンは、たくさんの人々が行き交うにぎやかな地区。さまざまな時代の建物が立ち並ぶ様子も、街並をいきいきと見せています。インテリアデザイナーのマリが暮らす1938年築のアパルトマンは、1ブロックを占める大きな建物で、食料品店や不動産屋さんなどの会社も入っています。4階にあるマリの部屋は、キッチンからベッドルームまでがつながったスタジオ・タイプ。ここにあるものはすべて、誰かから譲り受けたものやアーティスト仲間が手がけた作品ばかり。ひとつひとつの雑貨が持つ思い出が、部屋をあたたかい空間にしています。

左：デザイン展のために制作したプロトタイプのランプ「ニンジャ」。フリーマーケットで見つけた棚はパープルにペイント。右上：クラウス・アールトがデザインしたコートラックに、ひとめぼれしたヴィンテージ・ジャケットをかけて。右下：イタリアやブラジルなど旅先から持ち帰ったハイヒール。

左上:木製のすり鉢は「アーリッカ」。塩を入れたミニボウルは、フレイドル・チェルベリのデザイン。**右上**:「アラビア」のパラティッシ・シリーズの食器セットは、おばあさんからの贈り物。**左中**:「ムオトヒオモ」という会社で、主に公共施設の設計をしているマリ。**左下**:タピオ・ヴィルカラがデザインしたグラスは両親からのプレゼント。**右下**:カッリオ地区をデザインしたロールスクリーンは、友だちのエリナ・アールトの作品。

左上：手吹きのガラス・シェードに手編みレースをあしらったランプ「アネモネ」は、マリと友だちのアンナ＝カトリーナによるデザイン。左中：「イッタラ」のガラス器にフルーツを盛って。右上：壁と同じ色にペイントした棚に、旅の思い出の品をディスプレイ。左下：バルセロナの「ハビタ」から持ち帰ったランプと、エストニアで手づくりされたひつじのおもちゃ。右下：よく編み物をするというマリ。バスケットも彼女の手編み。

ベッド・コーナーとの間仕切りにしているカーテン「カモフラージュ」は、イーッカ・アイラスとマルクス・ヴィカルのデザイン。壁にはマリがデザインしたランプ「スター」が輝いて。

Aino-Maija Metsola & Georgi Eremenko

アイノ＝マイヤ・メッツォラ＆ゲオルギ・エレメンコ

illustrators, designers

インスピレーションあふれる、おだやかな島の暮らし

海と森、そして石の城壁に囲まれた島、スオメンリンナ。
アイノ＝マイヤとゲオルギが暮らすのは、石造りの家。
広々とした室内は、外の空気とがらりと変わり
ゆったりと静かな時間が流れ、まるで洞くつのよう。
太陽の光の動き、雲の流れに敏感になります。
やさしいふたりのピュアなキャラクターそのままに
アパルトマンは、ニュートラルで、おだやかな雰囲気。
ゲオルギが手づくりした、ランプやテーブルなどの家具に
アイノ＝マイヤがデザインしたテキスタイルが色を添えます。

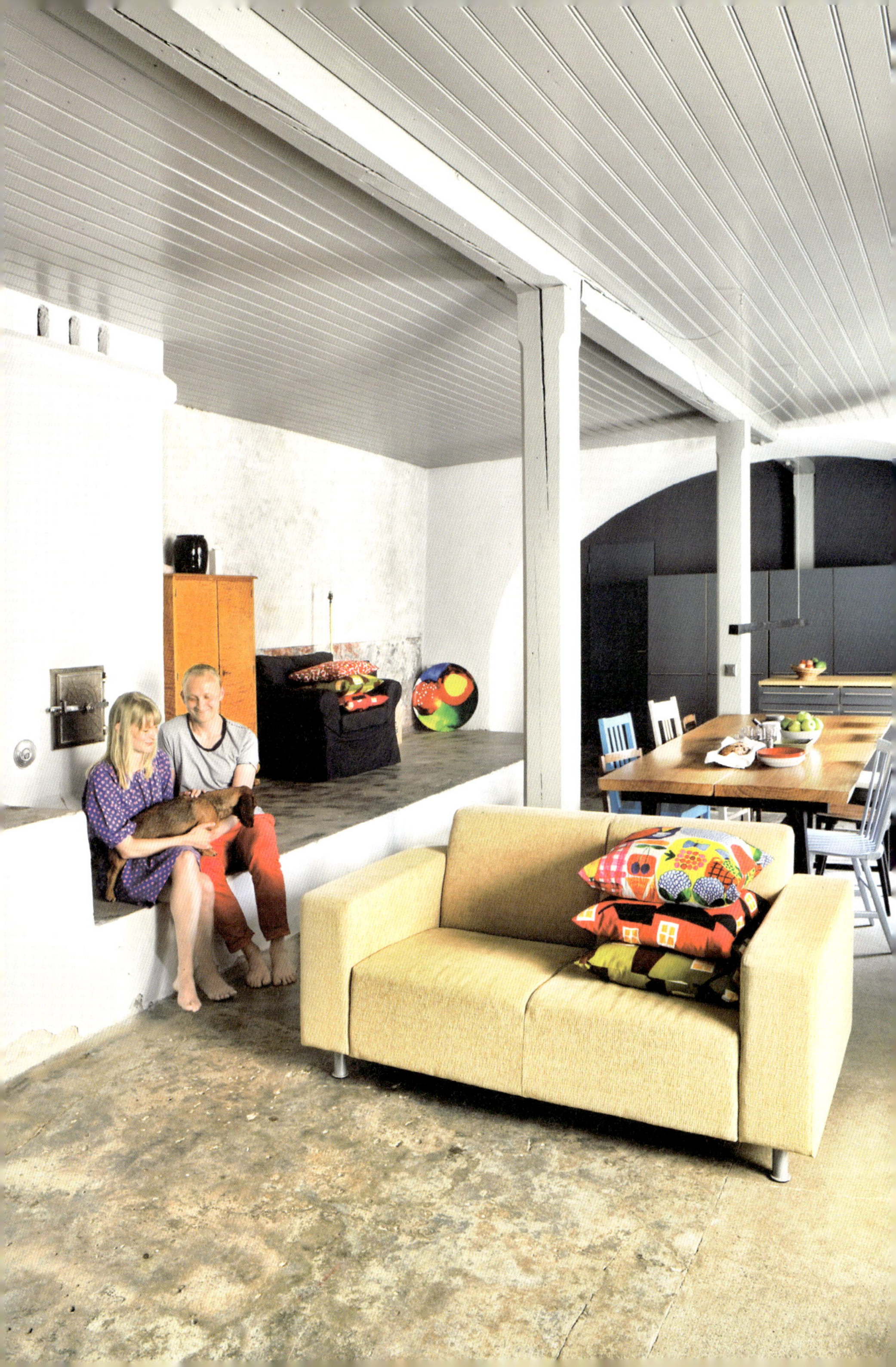

マーケット広場から船に乗って15分のところにあるスオメンリンナは、18世紀に要塞として開発された島で、1991年にユネスコの世界遺産に認定されました。多くのツーリストたちが訪れる、この島には現在さまざまな世代や職種の人たちが800人ほど暮らしています。イラストレーター、デザイナーとして活躍するアイノ＝マイヤとゲオルギの住まいは1749年築の建物で、当時は要塞の一部として兵士たちが暮らした場所。ふたりは、おだやかな島での暮らしを楽しんでいます。アトリエにある、ほら穴のような窓は、ふたりにとって特別な場所。スケッチをしたりお茶をしたり、庭越しに広がる海の風景を楽しみます。

左：ダイニングのイスは、子どものころの家から持ってきたものと、フリーマーケットで見つけたものをミックス。右上：アールト大学で出会ったふたり。犬のトゥーロは3歳半、元気いっぱいの男の子です。アイノ＝マイヤのサマードレスは自分で手作り。右下：食器の多くは、おじいさんとおばあさんから譲られたもの。

左上：しらかばのポットスタンドは、ヤニ・マルティカイネンのデザイン。ずらりと並んだ、ふくろうのカップはお姉さんからの結婚祝い。**左中**：「マリメッコ」のペーパーナプキンは、アイノ＝マイヤがデザインしたプリント。**右上**：キッチンはもともとアパルトマンに設置されていたもの。**左下**：オリーブや玉ねぎが入ったお気に入りのレシピで作った、ホームメイド・パン。**右下**：アイノ＝マイヤが作った陶器のポットとキャニスター。

ひとつづきになったダイニングキッチンとリビングは、広々としたオープンスペース。樹齢200年以上のジャーマン・オーク材を使ったダイニングテーブルはゲオルギの手づくり。

左上：水彩で色彩豊かに描いた、テキスタイルのデザイン画とイラスト。左中：「マリメッコ」のためにデザインしたテキスタイルのサンプル。右上：おじいさんとおばあさんから譲られたキャビネットは、ふたりのお気に入り。ひとり掛けソファーには、アイノ＝マイヤがデザインした柄のクッションを積んで。左下：リビングの中央にある暖炉の扉は、クモのデザイン。右下：絵本の企画のためにゲオルギがスケッチしたモンスターたち。

上：リビングの奥にある部屋は、要塞の時代には兵士の牢獄だったという歴史があるのだそう！ のちに食料品の貯蔵庫として使われ、その後、住宅に生まれ変わりました。ふたりは、制作に取り組むアトリエとして使っています。左下：「マリメッコ」のマリボウルに、セントポーリアを植え替えて。
右下：夏のマーケットをイメージした「ケサトリ」と、下のふたつはコテージを描いた「モッキ」。

左上：壁には、北欧のりんごをモチーフにデザインした「マリメッコ」のテキスタイル「ヴァルケア・クーラス」をディスプレイ。右上：スオメンリンナの風景を撮影し、ブログで紹介しているゲオルギ。愛用のカメラはソビエト時代のウクライナで作られたもの。左中：サミ・コルテマキがデザインしたポスターと、ゲオルギが作ったフロアランプ。左下：ふたりの愛用の道具たち。右下：裏庭の先に海が見える窓辺は、お気に入りの場所。

123

左上：アトリエの奥にあるベッドルーム。右上：アイノ＝マイヤのプリントを、ミカ・ピーライネンがデザインしたチュニック。右中：プリント・デザインを手がけた「マリメッコ」のドレスは、結婚式の思い出の一着。左下：リュックサックは、アイノ＝マイヤがはじめて海外旅行をしたときのもの。パープルのスクールバッグは、ゲオルギがウクライナから持ってきたもの。右下：子どものときからサボテンが大好きだったそう。